U0110089

跨界

行旅

——攝掠南疆、尼泊爾

Shinjang ★ Nepal

阡陌 著

新疆
維吾爾自治區
簡圖

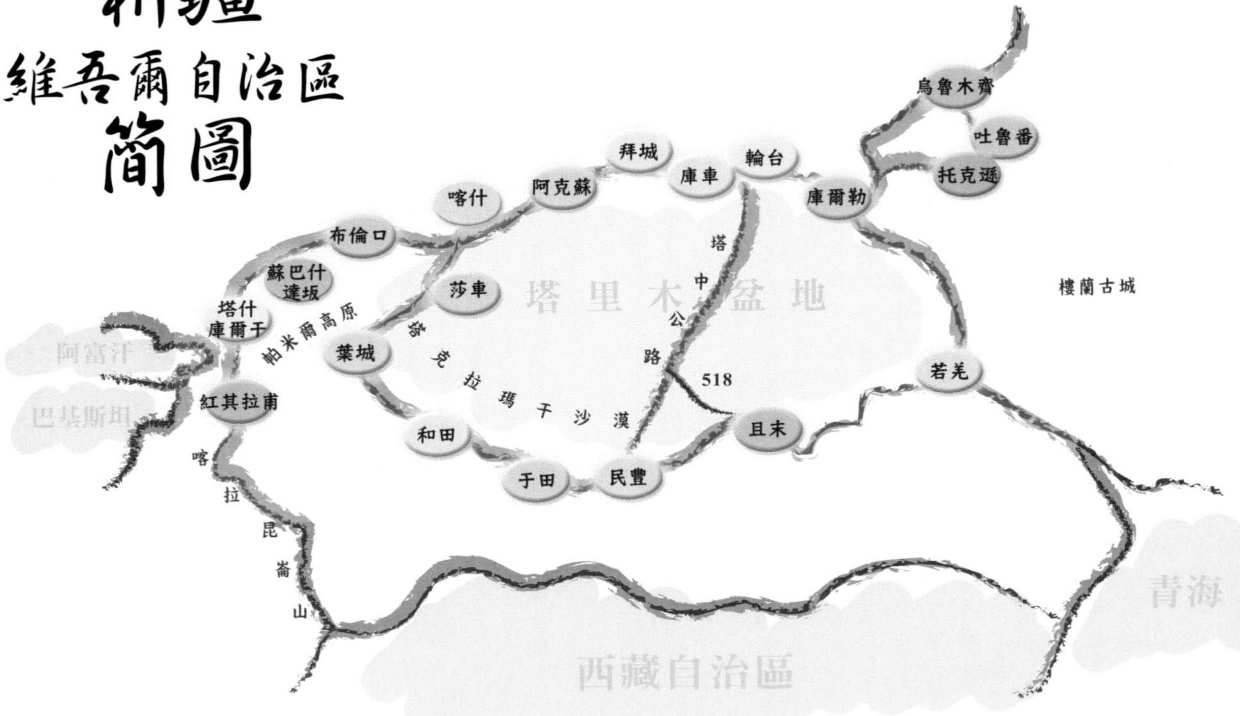

青海

西藏自治區

樓蘭古城

烏魯木齊
吐魯番
托克遜

庫爾勒

若羌

輪台
庫車
拜城
阿克蘇
喀什
布倫口
蘇巴什
塔什庫爾干
紅其拉甫
達坂
帕米爾高原
葉城
莎車
和田
于田
民豐
且末

塔里木盆地
塔克拉瑪干沙漠
塔中公路
518

巴基斯坦
阿富汗

喀喇崑崙山

跨界行旅

攝掠南疆

慕士塔格峰。

CONTENTS

目　錄

繞著塔克拉瑪干沙漠奔馳

2005年8月間，十一位攝影同好，在李坤山老師的帶領下，遠征南疆和帕米爾高原。

從烏魯木齊出發，一路搭乘巴士，經庫爾勒、若羌、民豐、和田、喀什、塔什庫爾干、喀什、阿克蘇、吐魯番，再回到烏魯木齊。恰好繞行塔克拉瑪干沙漠一周，其間又從喀什延伸到帕米爾高原。

駱駝行大路

　　十二天的行程中，主要活動除了拍照還是拍照。旭日初昇的清麗光影，值得捕捉；烈燄當空時，圖像的強烈色彩，更要拍攝；日落時分，大地呈現出一片柔和的氛圍，絕對是有必要攝入鏡頭。

　　沙漠邊緣的綠洲上，住著一群樂天淳樸的民族。這些少數民族，守著家園，日出而作，日入而息，過著與世無爭的生活。

搶拍

9

大路

　　每到一個村莊，總是拍到流連忘返。起初是央求村民被拍，到後來竟被小朋友團團圍住，爭相要求拍照，久久無法脫身。這樣瘋狂的拍攝舉止，往往為寧靜的村落，帶來陣陣騷動。透過鏡頭，被拍者與拍者之間的距離，便在無形中漸漸縮短矣。

　　維吾爾族親切和善的笑容，塔吉克族大家庭和樂融融的氛圍，以及柯爾克茲族剛毅驍勇的身影，為這一趟旅程，留下不少鮮明的圖像。

　　徜徉在天寬地闊的高原上，欣賞雲朵在湛藍的天空恣意嬉戲；嚴寒中，對著瞬息萬變的晨光，忘情地猛按快門；車子行進在鋪天蓋地的沙塵暴中，依然想盡辦法捕捉前方的飛沙塵影。

這一群好「攝」之徒，每天沉醉在攝影之樂裡，儘管經歷了烈日的嚴烤，塔中公路上漫漫沙塵的襲擊，以及頭痛欲裂的高原症等等，總也不改其樂，從清晨到黑夜，隨時隨地，攝掠不停息。

啊！攝影之樂，樂何如？天知，地知，你知，我知矣！

維族老人

11

曠野上的舞群

　　一早，睡好，吃飽，一群好「攝」之徒，意興飛揚地向塔里木盆地前進。

　　從烏魯木齊出發，往吐魯番的路上，公路兩旁漸漸出現戈壁灘，來到大約四十八公里處，遠遠地，便望見一大片白色的風車，高高聳立在曠野上，那是亞洲最大的柴窩堡風力發電廠。排列齊整的風車，碩大的葉片，在風中緩緩轉動，日夜不停息。恍如一群舞者，置身在蒼莽大地間，忘情地跳著排舞，為荒寂的戈壁灘，增添了幾分律動與美感。

　　近午時分，來到庫米什，沿著路邊，有十多家餐廳，開車師傅選了店面稍大的一家，羊肉拌麵，一客十元，麵Q，菜可口，這是新疆回族的家常麵食。往後的行程中，常常有機會享用它。

　　飯後，向店家借用廁所，他隨手往屋後一指，我們在屋後來回尋找，就是找不到一間茅廁，往稍遠處望去，發現草叢間有人正在方便，才恍然大悟，這一路前去，都得就地施肥給這片大地了。

　　午後，公路兩旁，漸漸出現綠油油的果園。

　　白楊木挺拔，沙礫環繞間，一片綠蔭，在豔陽下，顯得鮮綠怡人。

　　車行至焉耆，在一座煉油廠旁，排著長長的一列滿載蕃茄的大卡車，師傅說，這些蕃茄是要送去工廠製成蕃茄醬的。

　　今晚，投宿在庫爾勒的四星級銀星酒店。

大地舞群

13

驢車轆轆

晨起，天空灰濛濛的，風勢極大。司機說，今天可能有沙塵暴。

車子開上了公路，前方白茫茫一片，能見度只有一百公尺，飛沙不時從窗戶縫隙鑽進來，弄得大家身上都是灰塵，老師叫大家戴起口罩。來到一處地方，柏油公路終止了，車子艱難倒退，改走河床。司機在茫茫河床間，摸索前進，走了一段，發現錯了，又退回另尋他路。車子就在漫天風沙中，進進退退地，巔簸前進。

乘著驢車趕集去

母女

　　天地間，只見一片黃灰茫茫，置身在這蒼莽之中，人，顯得何其孤單渺小。

　　好長一段時間之後，終於回到公路，風沙依舊濃厚，沙塵在前方恣意飛舞，像頑皮的精靈，逗引車子往前走。大家一會往前座，一會往車尾，爭相拍下那飄忽不定的沙之幻舞。

　　不久，來到一個維吾爾族的村落，路上驢車轆轆，一輛接著一輛，載著一家人，趕

集去也。維族婦女，頭披紗巾，身穿彩衣，角蹬高跟鞋，優雅地坐在驢車上，為寂寞的公路，增添賞心悅目的美景。

　　而大夥高舉相機，瘋狂地追逐驢車的身影，也成為熱鬧的景點。

　　午後一點半，來到塔堤讓鄉，在一家維族小店，吃蔬菜拌麵，菜蔬清甜，麵有Q勁，一盤五元。

　　吃飽，掛上相機，穿家走戶地，拍照去也。

　　每次拍照，遲遲不上車，是正常現象，得要老師三催四令，大家才意猶未盡地上車。

轟動全村拍拍樂

　　昨晚投宿的玉都賓館外的廣場，因為舉辦玉石文化旅遊會議，有交通管制，所以趕在七點半以前出發。

　　十點多，來到葉城縣洛克鄉，下車拍照。起先，老人抗拒陌生人，小孩害羞躲避。真要感謝數位相機的偉大發明，先拍一張秀給他們看，果然引起大大的興趣，由閃避一變為爭相要求拍照，全村老小，紛紛出動，熱烈響應。老師一催再催，好不容易掙脫重圍，又追到車門邊央求再照幾張。大地子民的純真，流露無遺。

開懷

　　下午四點，來到莎車，一條街上，人來人往，好不熱鬧。小吳在市集買了一大包剛出爐的小型饢和一個大西瓜。饢外皮酥脆、內層鬆軟，一口咬下去，濃郁的麵香，鼓動了味蕾，群起在舌尖歡呼。在路邊棚架下，借用小販的桌子，切西瓜，甜甜脆脆的西瓜，消去了一路奔波的暑熱。饢飽瓜足之餘，大家忍不住讚美小吳識貨的絕頂功力。

　　天黑時分，趕到喀什。享受了一頓豐美的風味餐，在包廂裡，喝香甜的啤酒花汁，吃饢包肉、手抓羊、清燉羊肉湯……，一共十道菜，大家吃得油滋滋，個個笑開懷。

　　花費二百八十九元。

　　直到酒酣耳熱，才回旅館，梳洗過，已是深夜十二點。

　　真是個豐足的一天。

新疆M
52304

童趣

人定勝天的奇蹟

出了市區，不久，又投入蒼莽大漠中。來到尉犁附近，兩旁沙丘，延綿不斷。李老師叫大家下車，來一段沙漠掠影。辛苦爬上沙丘，哇！這才見識到沙漠紋路之美，陽光穿過稀疏的小樹枝，正跟沙紋進行一場光和影的對話。仰望天空，蔚藍青空上，白雲悠閒地與白樺樹喃喃絮語。啊，好一片悠然天地！

烤餅

維吾爾族兒童

　　中午，來到三十一團場，在一家麵館用餐。素餃一百個，羊肉餃一百個，另加兩大盆西紅柿蛋花湯，花費六十五元。十二個人，吃得湯足飯飽。

　　車過卡拉干村，沿路胡楊木，綿綿亙亙，偶爾出現一兩個因水源不足，無法開墾的廢村。

　　漸漸地，胡楊木消失蹤影，而出現養土工程。一小塊豆腐般的沙土，被緊緊包在蘆葦桿中，連接著固定下來，使它們馴服安定，以免流沙淹沒公路。

奔馳過長長的荒漠之後，遠方忽然出現一片波光粼粼的水面，正在猜測會不會是海市蜃樓。車行愈近，水面愈大。啊，一條寬廣的河水，赫然流淌在眼前。原來是塔里木河的末端，消失在一段荒漠之後，又出現在地表。

　　一路奔馳在乾旱的荒野中，突然望見這流淌河水，內心頓覺清涼無比，大自然的神奇力量，真是不可思議。

　　離河水不遠處，綿延著一片白色鹽地，司機說，沙漠地下水源豐富，但五十公尺以上是鹹水，以下才是淡水。

　　一群人在鹽地上尋尋覓覓，攝取各種實體或抽象的圖像。上得車，大夥展示成果，李老師得意地說：沒想到在這鳥不生蛋的地方，也能拍出好照片。

白楊樹下瓜果香

車子在公路上奔馳，沿途景象，漸漸出現荒寂的戈壁灘，彷彿無止盡地延伸著。南疆的日頭，高掛在天空，赤燄燄地，猛烤著這一片大地。

午後，路邊終於出現了綠蔭。挺拔強悍的白楊木，整齊地羅列在公路兩旁，默默地守護著當地居民向天爭來的綠洲。

不久，公路邊赫然出現水果攤，大夥下車休息。

白楊樹下，涼風習習。瓜農夫妻，笑口大開招呼我們。輪番切開瓜果，吆喝著大家快吃。啊！西瓜清甜多汁，哈蜜瓜香濃甜脆，水梨又清脆又香甜。人人啃得眉開眼笑，一路來的烤曬燥熱，在涼風瓜果中，飛散而去。

白楊樹下瓜果飄香，為這一趟乾旱的沙漠之行，注入了幾滴甘甜美味。

沙漠悍將──白楊木

23

標語的叮嚀

繞著塔克拉瑪干沙漠前進，車子沿著這座素有「死亡沙漠」之稱的邊緣奔馳，荒寂蒼茫中，只有一條公路，一直延伸在前方，似乎永無止盡。

公路上，每隔一段距離，便會出現各式標語，殷切地提醒駕駛人，千萬注意交通安全。

茲列舉幾則，與讀者分享。

「讓爭一閃念，生死一瞬間。」

「車好路好，安全最好。」

「前面沒醫院，請小心駕駛。」

「路好人稀車不飛，家人盼你平安歸。」

如此殷切貼心的標語，令人讀來窩心又感動。於是，大夥爭相搜尋路旁的標語，並大聲朗讀出來，成為長途趕路的一大樂趣。

「貸款修路，收費還貸。」

每個收費站前，總少不了這個標語，讀來令人莞爾，大多數的駕駛，想必都能共體時艱，乖乖繳費。

有天，來到吐魯番的一處加油站，牆面上的兩行大字，引得一夥人哈哈大笑。

標語這樣寫著：「以質量為根本，視顧客為上帝。」

看倌，如果你想當上帝，那麼開著車到這裡來加油吧！

我要遠行

驚險穿越塔中公路

午後，來到且末鄉的加油站，它的公廁，竟然覆蓋在葡萄濃蔭下，進得裡面，還是抽水馬桶。一路來，野外「放風」慣了，得享如此殊遇，大夥驚喜之餘，趕緊拍照留念。

司機向加油站打聽前面的路況，從且末到民豐三百公里，都在修路中，勢必要在河床中摸索前進。若走塔中公路五百公里，兩者所花的時間差不多。李老師當下決定，走塔中公路。

為趕路，趕緊出發。

從且末走五一八公路，傍晚六點半，接上塔中公路，在加油站加滿油，大家下車「放風」，天蒼蒼，野茫茫，風沙飛舞得更強勁了。

我們將進入一場艱苦的路程。

天色漸漸暗了，除了隔一段距離出現的抽水站外，根本看不見房子，沿路偶爾經過一輛車，內心便有「無吾道不孤」的感覺，不禁感到一絲溫暖。

　　風勁狂野，四下闃暗，車子在搖晃中前進，大家靜默無語，有人向上帝禱告，有人念大悲咒，一心祈求，平安抵達民豐。這時候，唯一的對話便是，念出路邊的里程標誌，並換算還有多少公里。

　　為了讓司機提神，大夥貢獻出壺裡僅剩的咖啡，請求司機喝下。隔不久，又將口香糖、酸梅、糖果，紛紛送進他嘴裡，到後來，司機老爺竟被我們惹得有點不耐煩了。

　　老天保佑，遠方終於出現稀疏的微弱燈光，大家鬆了一口氣，交談漸漸多了起來。

　　將近十一點，終於住進民豐的招待公寓。一進門，赫然發現，玻璃大門外，堆積了厚厚的塵土，裡面大廳，也是塵土鋪地，這才領教到沙塵暴的威力。領了鑰匙，還得自己扛行李爬樓梯上三樓，經過那一段恍如隔世的驚險路程，什麼苦頭都不算一回事了。

　　飽餐一頓後，回房洗盡一身的灰沙，倒頭便沉沉入夢鄉。

沙塵暴

民豐的早市

　　用過早餐，來到民豐街上，早市熱鬧滾滾，兩旁羅列著各類攤販，蔬果藥草，日用雜貨，烤饢等早餐吃食，當地居民悠閒逛攤，自在地享用早餐，昨日可怕的沙塵暴，已經看不出一絲絲痕跡。

　　經過一夜好眠，個個又恢復了好「攝」本性，舉著相機，東拍西攝去也。

下：早餐會　右上：賣大餅（饢）

頭頂小杯帽的
于田阿嬤

牽手逛巴扎

逛巴扎的孩童

羊肉抓飯

中午,來到于田用餐,手抓羊肉飯,一盤六元,香濃可口。

從餐廳出來,看見馬路上驢車、三輪車絡繹不絕地往同一個方向前進,打聽之下,原來今天有市集。我們趕緊上車,跟在驢車後頭趕集去也。

市集,當地稱巴扎,逛巴扎,是新疆地區,維吾爾族生活中的一大盛事。每逢趕集日,散居各地的民家,把農作、禽畜、布料等,運送到市集來賣。然後,再買些日用品回去。

哇!在好大一片空地上,擺滿了各種物品,民家把農產品和畜禽,送到市集來賣,葡萄、雞羊、蔬菜,布料、拖鞋、種籽等等,舉凡民生用品,應有盡有。

居民則攜家帶眷,妝扮得美美地,來逛市集,吃吃喝喝,看看買買,看熱鬧,也成為熱鬧中的一景。

　　市集，是生活中的嘉年華。貧困艱難的生活，因為有了市集，而充滿了希望。

　　人群中，最引人注目的，則是戴著白色頭巾，在頭巾上扣著一頂杯狀小黑帽的阿嬤了。黑帽的起源已不可考，戴在阿嬤頭上，卻散發出一股迷人的風韻。

　　李老師說，這種小黑帽，只有出現在于田的老阿嬤頭頂上。今天，在巴扎裡，能夠拍到阿嬤頭頂小黑帽的獨特風采，真是幸運。

　　黃昏時，趕到和田，這個城市，因為產玉，已經十分商業化，玉石商店林立，兜售玉石的小販，到處流竄，纏著遊客叫賣「羊脂玉」、「墨玉」，身陷玉的世界，你得守身如玉，以免破財。

于田阿嬤

布倫口日出

今天，我們將長征帕米爾高原。

為了趕在夏令時間七點半抵達管制崗哨，清晨四點起床，五點出發。車子在黑暗中行進，只約略知道，出了城，車子開始蜿蜒在山路上。

順利通過管制站後，隱約看見沙山綿亙，河川潺潺。

九點半，來到布倫口，天色濛濛中，旭日從雄偉的山後，欲出還羞地，緩緩往上爬，雲朵則含情脈脈，繞著山嶺，痴痴徘徊。

旭光灑落在河面，泛起一片波光潾潾，遠處沙山，紋形曲折，投影在波心，幻化出無盡的虛空美境。

「啊！下車拍照！」老師大聲吆喝。

這一片山光水景，啊！莫非，天地間絕美的元素，那一刻，全兜攏在一塊了！

大地的神奇，非置身其中，絕難想像。氣溫是攝氏零度，寒風凜冽。大夥凍得哇哇叫，但凍僵的手指仍不停按下快門。這天時地利所促成的意外美景，豈可錯過。

啊！布倫口的霞光雲影，是上帝的一份恩賜。

（註：本文所提時間皆指夏令時間，換成中原標準時間則減兩小時。）

全家福

大地的子民——塔吉克族

　　一椽土角厝，圍起了塔吉克族人的一家親情，和樂融融，屋裡，有年邁慈祥的老奶奶，有壯年的父母叔伯，有青春活躍的青少年。屋外，羊兒自在嬉戲吃草，菜蔬綠油油。遠山綿綿，綠野田疇，洋溢著和樂悠閒的氛圍。想來，理想的家園，大概就是這樣的情境吧！

　　夜宿塔什庫爾干的帕米爾賓館，是個老舊的招待所，房裡設備十分破舊，早起加上高原反應，心跳加劇，頭痛欲裂，一夜輾轉難眠。

塔吉克民屋

左下：甜姐兒

右上：塔吉克新嫁娘　　右下：塔吉克婦女

35

藍天白雲任逍遙

　　因為高山症，加上賓館的條件極差，昨晚大夥都沒睡好。早餐桌上，每個人都一副無精打采的樣子，用過簡單的早餐，大家還是打起精神，出發拍照去也。老師說今天午餐吃乾糧，在市場採購了許多水果，還有十張又大又圓，香味撲鼻的饢。

今天的拍照重點是，聚居在中巴友誼公路邊的塔吉克族的部落以及高山自然風光。

在車上小睡了一會兒，頭疼稍微緩和。

高原上的天空，如此湛藍，綠野無邊無際，白雲變幻莫測，徜徉其中，令人感到自在又逍遙。小村落裡的塔吉克人家，同樣是那麼親切和善。

忙碌了一天，直到太陽西斜，才打道回塔什庫爾干。

都是夏令時間惹的禍

忙碌了一天，直到太陽西斜，才打道回塔什庫爾干。

拍照回來，大夥打算吃頓大餐，以彌補中午的委屈。分頭尋找餐廳，終於找到一家回民餐館，生意很好。進去跟師傅點了八樣菜，他還答應特別去採購幾樣青菜，菜單敲定，約好八點半開飯。

晚餐有著落了，便各自拍照去也。

八點半，大夥回到餐廳排排座，饑腸正轆轆，引領盼著豐盛的菜餚快上桌。可是，九點過了，沒有動靜。看著別桌客人，大啖烤羊肉串，濃濃的香味，引得眾人猛吞口水。十點了，仍不見菜來，麗華去廚房一探究竟，師傅理直氣壯地回說，還沒八點半哪！天哪，原來彼此間的八點半，竟是

下：歸來　右上：抱球童

斜陽映光頭

小甜甜

相差兩個鐘頭。回過神來，猛然省悟，新疆並未實施夏令時間，這裡的八點半，已經是北京時間的十點半，儘管眾人餓得發抖，老闆卻堅持他是準時上菜。

看倌，以後出遊，這點可要謹記在心，否則餓昏在餐廳，可沒人會同情你。自作聰明的師傅，又把每樣菜分成兩盤，解讀成每樣菜炒兩盤，看著大盤大盤的雙份菜餚，大夥真是傻了眼。實在是餓極了，誰也沒力氣去計較了。

一頓「大」餐吃下來，花費三百元。直到十二點，個個覷著飽肚，拖著疲累的腳步，回到破舊充滿霉味的賓館去。

小兄弟

世外桃源──石頭城

　　清晨，登上塔什庫爾干城外的石頭城，相傳，是當年玄
奘講經的地方。大石小石，層層堆疊出一座大平台，高高俯
視整個塔什庫爾干聚落以及四周原野。城下，綠野平疇，炊
煙裊裊，雞鳴喔喔，羊兒低頭吃草，好一幅世外桃源圖。

　　這個賓館破舊，餐館烏龍，又讓人頭痛欲裂的城鎮，由
於她的美景，臨去時，竟令人依依不捨。

塔什庫爾干的清晨

慕士塔格山下的子民
——柯爾克孜族

　　中午時分，經過蘇巴什達坂，遙望慕士塔格峰頂，白雪皚皚，大卷大卷的雲朵，在峰邊流連徘徊，青空碧洗，美極了。大家左拍右拍，陶醉在壯闊的美景中，突然，天空飄雪了，大太陽下，雪花輕輕飄舞，啊！高原又賜給我們一個大自然的奇蹟。

　　下午，來到蘇巴什，是一個較大的柯爾克孜族村落，靜靜地躺在雄偉的慕士塔格峰山下，寧靜而安詳。

　　巴士駛入村口，一群婦孺，趕緊圍攏過來，兜售土產、玉石、毛毯、桌巾等，我們忙著進村去拍照，無心購買。柯爾克孜族，從長相看來有蒙古血統，生性較慓悍。由於三天前在路邊拍一個同族群的人家時，有過被兇的經驗，所以不敢進入屋裡去。遊走在村中，拍牛隻漫步，村婦挑水，少女在泥地上生火堆烘烤饢……等等，豐富的圖像，取之不盡矣。

　　五點半，又來到布倫口，陽光下，沙山雲影與河面的組合，竟然變得那麼平淡無奇，啊，光影的變化，對攝影是多麼重要的元素！

　　車子漸漸離開帕米爾高原，夜幕低垂時，回到喀什的新隆賓館。

向艾提朵清真寺致敬

　　一早，來到艾提朵清真寺，廣場上，人來人往，有來作禮拜的，有純觀光的，有賣油條的……，莊嚴的清真寺前，眾生平等，各行其事，熱鬧中洋溢著和樂氛圍。

　　寺內的院落，古木參天，一片清靜，進得寺裡，長長的迴廊角落，有人靜坐冥想，那虔敬的身影，更增添寺院的莊嚴肅穆。

　　參觀出來，寺院周邊的街道，熱鬧滾滾。賣玉石的、做裁縫的、剃頭的、賣書的、賣吃食的，等等，民生日用，應有盡有。

　　豔陽高照，於是善用守株待兔法，蹲在街邊陰涼處，攝取形形色色的人物。繞過一條街，哇！又是另一番豐富景象，賣農具的、賣鍋具的、賣蔬果的、賣羊肉的，交易更加直接熱絡。顧不得日頭赤炎炎，追逐著各式身影，猛按快門。熱得汗流浹背，氣喘噓噓，仍不改其樂。

　　中午，在果園餐廳用餐，坐在一棵六百三十年的圓冠榆老樹下，涼風徐徐，大家一邊展示成果，一邊享用拌麵和烤羊肉串，消解了上午的暑熱和疲累。

　　午餐花費二百六十八元。

清真寺

45

依偎

意外的美味

　　晚餐又回到那家果園餐廳，我們去得較晚，整片樹林下，早已坐滿了人。服務生進進出出，忙得不可開交。忙中難免有錯，原本點的炒米粉，卻送來幾盤炒飯，正想要求更換，小吳說，看起來很好吃的樣子，只見盤中盛著韭菜丁、紅椒丁加蛋炒成的飯，色香味俱足，飯Q，菜香，人人吃得齒頰留香，滿足極了。原來，人間美味，是不必講求珍貴食材，只要用心搭配，便能做出絕美佳品。

　　感謝餐廳的疏忽，讓我們嘗到極品炒飯。

剃頭

在藍天下剃頭

車子奔馳在大漠公路上，五點半，路邊出現一個迷你簡易加油站，大家下車「放風」。

突然發現，加油站後方，一家五口，蹲坐在地上，原來是在剃頭。老奶奶、媽媽和三個小蘿蔔頭，圍蹲一起，媽媽手持剃頭刀，正在幫小孩剃頭，其他三人，則專注地欣賞著，藍天白雲下，彷彿在舉行一場隆重的儀式，旅途中，就是這樣充滿了驚嘆號！

來到阿合齊縣境，已經離開了砂石山巒。沿途上，河川奔流，綠野一望無際，牛羊悠閒吃草，路旁也出現許多新建的房舍，真是一片豐饒大地。

夜幕低垂中，抵達古龜茲國的阿克蘇，古國遺風，無從尋覓，它已經成為急速西化的大城市。

晚餐吃餃子大餐，各種口味的餃子，擺滿一桌，吃得大夥肥滋滋的。花費一百三十八元。夜宿國際大酒店。

砂岩風貌

車子在路上奔馳，要前往阿克蘇。

途中，還有意想不到的精彩題材。來到阿圖什縣境，兩邊出現砂岩地貌，砂丘伴著車子迤邐而行，長年被風化的丘陵，寸草不生，呈現出桀驁不馴的樣態，又是另一種迷人的風景。

大家下車，爬上砂岩，拍照去也！一夥人在砂丘間，上上下下，或蹲或趴，拍奇岩、攝怪石，忙得汗流浹背，氣喘噓噓，卻又樂得大叫大笑。

沙山地貌

財富

哈拉峻的水煮羊

　　下午兩點，在哈拉峻的一個路邊餐廳用餐。吃手抓羊和拉麵。蔬菜拉麵Q又好吃，而手抓羊更是讓我們大開眼界，一大塊用清水煮的羊肉，用手撕下一片，沾醬吃，那柔嫩鮮甜的滋味啊，撩撥得味蕾陣陣歡唱，陽春烹煮的羊肉，竟然如此鮮美，老闆自豪地說，這兒的羊隻品種好，所以肉質鮮美。啊，沒想到在這漫漫大漠的小村落一角，能夠品嚐到如此人間美味。

拉麵

51

好大的餅

花費三元的午餐

　　九點多，從阿克蘇出發，到吐魯番，全長八百多公里，將是一趟辛苦的長途奔波。

　　出了阿克蘇城，一眼望去，是連綿不絕的戈壁灘，大地一片蒼莽。

　　中午來到庫車，有一小時自由活動的時間。

　　市集上的情景實在是太吸引人，只顧忙著拍拍拍。來往的驢車，維族老阿公老阿嬤，穿禮服的小男孩，烤饢的爐灶

和店家，堆疊路旁的西瓜哈蜜瓜，小販叫賣，顧客買了就地剖開，大口吃將起來。

拍得盡興了，猛然發現時間緊迫，於是買了一個饢一元，一個烤羊肉包子一元，一個哈蜜瓜一元，兩個人的午餐花費三元，便吃得很飽足了，真是難得的消費經驗。

哥倆好

月夜長征

下午六點二十分，來到庫爾勒，遇到大塞車，一段山路，走了一個半小時才通過。

九點五十分，抵達和碩，下車晚餐，六菜一湯，加兩大盤炒飯。夜間長途開車，大家特地為司機泡了一壺濃濃的咖啡，沿路不斷請他喝。

十點半出發，從和碩到托克遜，一路長征，月光下，車水馬龍，重型卡車，來來往往，呼嘯而過，真是繁忙的月夜。

到托克遜，有檢查崗哨，檢查完畢，再上路時，一路來絡繹不絕的卡車，竟然消聲匿跡，彷彿從大地上蒸發了似的。

凌晨兩點半，在一處空曠地下車「放風」。將近三點，遠遠地，出現村落的燈光，啊，可愛的吐魯番，隱約在望了。

三點半，終於抵達坎兒井民俗賓館，今日長征十八小時，真是辛苦極了。

月光下放生

那天，破曉時分，在布倫口搶拍天光雲影，天寒地凍中，大夥忙得不亦樂乎。幾經催促，才抖索著身軀回到車裡。

上車時，小吳雙手捧著一塊晶瑩潔白的石頭，滿臉笑開懷。

往後幾天，小吳對那塊石頭又清洗又擦拭，盡心呵護。

有天早上集合時，小吳說，石頭太大，在行李箱裡亂竄。

這天，一早從阿克蘇奔馳八百多公里，抵達吐魯番時，已是翌晨三點半。可喜的是，當晚明月高掛，引領著車子前行。凌晨時分，車子停靠路邊，讓大夥「放風」。

再上車時，小吳宣佈道：「終於把石頭放生了。」

「啊！」眾聲驚訝。

「石頭原本屬於這片大漠，有幸跟它結緣五天，也夠了。」小吳滿臉輕鬆地說。

天地萬物，聚散本無常，緣起緣滅，自有定數。人與人之間，如此。人和物之間，又何嘗不是如此？

小吳深得個中三昧，何等自在！

坎兒井與葡萄溝

俯身向一流清淺，掬一把沁涼，洗去一路來的塵沙與悍熱。這是吐魯番的坎兒井，所流過的一處明渠。

手中的一捧水，遠從皚皚天山頂，雪融後，潛入地底，而被人類探出芳蹤，將它引出地表，灌溉了荒瘠的土地，在蒼莽大漠上，創造出一顆顆翡翠般的綠洲。

豎井、暗渠與明渠，是組成坎兒井的整套配件。

左：古坎兒井　右：坎兒井

57

綿亙五千公里，川流不息的地下運河，如同母親的乳水，孕育了吐魯番的綠洲，滋養著廣大荒漠上，與天爭食的族群。

俯蹲在清澈的流泉邊，想著遠在漢唐時代，站在乾旱荒瘠的石礫上，居然有人會冥想到天山雪水的流溶與浸潤，然後凝聚出智慧和能耐，將豐沛的地下潛流，引出地面，而成為荒漠上的生命之泉。

汩汩流泉，灌溉出吐魯番的綠色奇蹟。

走進葡萄園區，濃濃的翠綠，鋪天蓋地，翻湧而來，拂去了滿身的暑熱。徜徉濃蔭深處，人人都沾染了一身的綠，清風習習，渾然忘了身處在火州之中。

一串串鮮翠欲滴的葡萄，垂掛滿枝架。那結實纍纍的綠色珍珠，閃耀著豐收的訊息，內心中不禁也分享著那份喜悅。

葡蔭蔽天

樹蔭下，四個男孩推著剛採下的葡萄，鮮翠晶瑩，入口甘甜。

在皚皚天山和莽莽礫土之間，牽起一條豐沛溫柔的甘泉，憑的是超人的智慧和耐力。而坎兒井與葡萄溝，便是人類的卓絕堅苦，在吐魯番盆地上展現出來的美好見證。

上：葡萄樓　下：賣葡萄

寥落高昌故城

　　站在城門口，一坯高高的土墩上，極目四望，意欲穿越
千古，置身高昌古國的繁華豐盛。

　　遠方，那條光禿禿、赤裸裸的山脈，在烈陽下，紅色的
山體，經年滾湧著熊熊烈燄，那就是著名的火燄山。

　　而近處，周圍五公里，形狀不一的斷垣殘垛，或高或
低地，在莽莽荒野中，掙扎著展出他們的遺骸。為遠來的遊
客，見證千年前高昌國的繁華強盛。

　　憑著書中的記載，試圖辨認出，那是市場，那是民居，
那是廟宇。

高昌故城

一條通衢大道，從入口處通往城西南的佛寺。

下午，我們就從這兒，乘上驢車，沿著大道，進城去。驢車轆轆前行，揚起陣陣黃沙。黃沙漫漫中，我們行經繁華街市，兩旁民居遺址，歷歷在眼前。

來到城西南，一座宏大的寺院遺址，赫然聳立在眼前。其中有座看似講壇的基座，相傳是玄奘大師，被高昌王熱情留下，在這特設的講壇上，為三百僧侶講經一個月的地方。

盤桓壇前，依稀聽見，聲聲梵唱，繚繞寺院。大師端坐壇上，壇下僧侶，個個凝神諦聽，寺外，居民群集。莫非，大師是上天派來的使者？為高昌國結下一段佛學因緣。

在寺院各處，流連低迴，廣場上，有人騎駱駝溜躂，有人忙著在傾頹的遺跡前拍照。千古梵唱，化作一縷輕煙，隱沒在漫漫黃沙中。

回程，驢車轆轆，黃塵飛揚，沿途上，不見草木，只見零星的野西瓜，在貧瘠的黃土上，勉力地攤展著瘦弱的蔓葉。

時移空也轉，當年繁華興盛的高昌國，而今安在哉？

夕陽西斜，一陣風，揚起漫漫塵沙，千年故城，益見蒼莽。腳下的土墩，也許曾是豪門宅第，也許曾是市井民居。誰知道呢？都已是千年的塵煙往事了。眼下，它只是地勢略高的一堆土垛罷了。

沉默的古城，荒瘠的四野，只有遊客的笑鬧聲，給這深沉的孤寂，投入些許，屬於人世的生氣。

再見吐魯番

昨天實在是太累了，今早九點半起床，十點在餐廳遇見司機，道聲早，問他昨晚睡得可好？只見他紅著雙眼答道：「還說呢，喝了你們的咖啡，害得我整晚翻來覆去，無法入睡。」啊，罪過，罪過！大家趕忙道歉賠不是。幸好今天回烏魯木齊，他就可以好好大睡一覺了。

蘇公塔

坎兒井的偉大工程，依舊令人嘆服，蘇公塔照樣高高挺立在藍天中。吐魯番的遊客增多了，經濟繁榮了，五年前的土角房舍已不見蹤影，街道上，盡是新式的水泥房子。

　　到村中民家去拍照，葡萄藤下，有婦女圍聚做活兒。三兩孩童，推著手推車，車上現採的葡萄，晶瑩剔透，清甜可口。

　　中午，驅車到火焰山一遊，山巒依舊赤焰焰，只是周圍的環境，已經觀光化，不復當年的蒼莽，失去了昔日的風貌與氣焰。望著山下的各種遊樂設施，不禁跌入失望的旋渦裡，孫悟空如果復活，是否會將牠恢復原狀？

　　下午兩點，在路邊的飯店用餐，六菜一湯，炒飯和拉麵，十分可口。

　　懷著一絲絲的遺憾，揮別吐魯番。

　　下午四點，路經達坂城，一望無際的綠野，水草豐美，羊兒成群，真是一片豐饒之地。

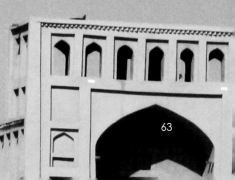

綠影

　　四點半，來到柴窩堡，又看到徐徐轉動的風車群，十分
壯觀。

　　五點，回到烏魯木齊的華凌大酒店。五年之間，烏魯木
齊的市容，變化得幾乎無從辨認了，到處高樓林立，大賣場
更是擠滿了人潮。

　　晚餐喝了點美酒，慶祝從高原和沙漠平安回來，也慰勞
自己一路長征的辛勞。

　　繞著南疆的塔里木盆地走一圈，你才知新疆有多大！

回家囉

　　早上八點半的飛機，揮別了烏魯木齊，飛往深圳，再搭船到香港，轉機回台北。回到家已經將近十一點。雖是一趟舟車勞頓，把它當作旅程的一部份，卻也充滿了樂趣。

　　包括老師在內，十二位好「攝」之徒，風塵僕僕地回到台北，每個人的行囊裡，都裝滿了大漠風光和高原雲影，以及少數民族的獨特身影。

　　從天寬地闊中歸來，心胸和眼光，變得更寬廣了。

大巴扎

65

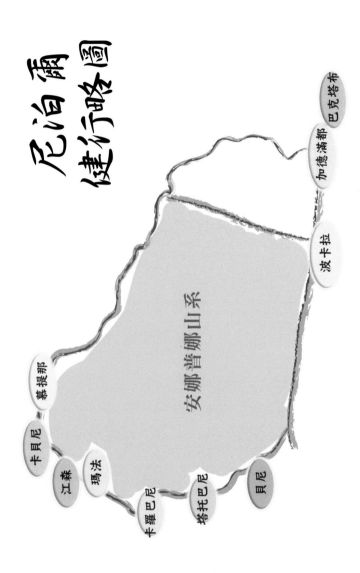

尼泊爾健行略圖

安娜普娜山系

巴克塔布
加德滿都
波卡拉
貝尼
塔托巴尼
卡羅巴尼
瑪法
江森
卡貝尼
慕提那

跨界行旅

攝掠尼泊爾

CONTENTS

目　錄

尼泊爾初見面

　　2005年2月，春節期間，我們一家五口組成尼泊爾旅遊團，重點是往深山健行。花了兩個多月的時間，和這趟行程的負責人恰比討論，還要靠e-mail跟遠在西非賴比瑞亞行醫的兒子大胖商量出發日期和健行路線，經過無數次的溝通調整，最後總算可以成行了。恰比是位台灣女婿，尼泊爾人，家族在尼泊爾經營很成功的旅遊業。

　　出發前一天，從新聞報導得知，尼泊爾正實施戒嚴。這下怎麼辦？

　　「還要去嗎？」女兒小萱擔心地問道。

　　「只是戒嚴，並沒說有衝突流血事件。」老爸和大胖決定如期出發。

凱悅飯店

到曼谷轉機，尼泊爾皇家航空準時起飛，一顆懸盪的心，終於安定下來。

傍晚五點半，我們搭乘的尼泊爾皇家航空班機，飛抵加德滿都機場。

由於是淡季，旅客並不多。海關人員動作慢條斯理，填表格、貼照片，加上排隊等候辦理落地簽證，五個人就耗去了將近一個小時。真是個步調緩慢的國家。

走出機場大廳，一群porter蜂擁而上，搶著要幫忙提行李。你得明白拒絕，否則便須破費。使出好大的勁，才掙脫

少女

porter群。遠遠有人在招手，原來是恰比的弟弟，德比來接機。他為我們套上花圈說，歡迎來到尼泊爾。

一行人擠進休旅車，車子進入市區。怪怪，只見泥土路上，眾生同行。大車小車和行人，隨意穿梭馬路上，沿路不見一盞號誌燈，混亂中，隱約有著默契和秩序。這裡的司機，開車技術一流，當然，我們的司機阿魯也不例外。眼看

要撞到人了，只見他微微一轉方向盤，便輕易避過人群。明明要跟逆向來車對撞了，一個快轉，便閃了過去。阿魯掌握手上的方向盤，簡直像在玩把戲，高超漂亮的技術，把我們看得目瞪口呆。

如果在這裡拿到駕照，大概全世界都可以通行無阻了。

馬路邊，每隔一段距離便出現崗哨，幾位荷槍實彈的士兵，緊盯著過往的車輛和行人。

車子在市區左鑽右拐，一路衝鋒陷陣，過關斬將，然後駛入一連串迂迴曲折的巷弄間，我們被轉得七葷八素，膽戰心驚。不知穿過幾條小路，終於，眼前豁然開朗，一條寬廣的柏油路，平直地延伸在眼前，右前方聳立著白色豪華建築，庭院深深，門禁森嚴。德比介紹說，那是皇宮。

皇宮大門前，有個交通號誌。別以為一座紅綠燈號誌沒什麼了不起，稀奇就稀奇在，它可是我們在加德滿都進進出出十幾次，唯一看到的紅綠燈呢。

經過皇宮不久，車子左轉，進入花團錦簇的園區，在一座造型典雅的建築前停下，這是我們在加德滿都的落腳處——凱悅飯店。

從機場到飯店，經歷了機場人員的慢條斯理，市區的混亂衝刺，再來到這恍如世外桃源的旅館。啊，與尼泊爾的初見面，一時之間，還真讓人難以調適。

幸福

第三隻眼餐廳

　　分配好房間，德比帶領我們往市中心去用餐。車子又是經過一番衝鋒陷陣，終於來到市區的廣場。街上行人，穿著各式各樣的服飾裝扮，頭戴帽子，呈現出五顏六色，多彩多姿的街景。這些流動的色彩，把殘舊的住屋，點綴得活潑鮮亮了。

　　沿街上，不時有小販前來兜售貨品，有鐵絲圈成的各式造型玩具，有尼泊爾風情的帽子衣服，有當地著名的披肩，加上賣吃食的推車等等，把街道營造出一番擁擠而熱鬧的氣氛。

德比領著一行人,左拐右轉,來到第三隻眼(Third Eye)餐廳。古雅的裝潢,溫柔的音樂,洋溢著濃濃的尼泊爾風,恍如走入時光隧道,來到了另一個悠閒的清靜地。

德比殷切地向我們介紹菜單上的美食,花了一番工夫,終於人人各有所選。其中令人難忘的是,叫「Nam」的尼泊爾烤餅,麵粉中散發出縷縷香氣,撕一片放入口中,細細咀嚼,麵的Q勁,在齒間緩緩釋放出陣陣的能量,轉化成縷縷感動,而對這個文明古國留下深刻的記憶。

大家圍桌而坐,主客之間,雖是初見面,卻是相談甚歡。尤其是德比,貴為尼泊爾數一數二的大旅行公司老闆,卻是一逕地熱忱謙和,讓我們認識到尼泊爾這個民族,良善而親切的特質。

第三隻眼餐廳,讓我打開了第三隻眼睛,學習用第三隻眼來品嚐異國美食,也試著用第三隻眼去欣賞不同的風俗民情和宗教文化。

小販

轉經

清晨六點起床，梳洗罷，到樓下餐廳用餐，一家五口，悠閒地享用豐盛的早餐。不知有多久，不曾如此圍桌享用早餐了。一頓美好的早餐，是旅途中的驚嘆號。

拉振來接我們到四眼大佛寺參觀，濃霧迷濛中，一群人以順時鐘方向繞著大佛轉經，虔誠而專注。

眾生虔誠，眾生祈願。男女老幼，天地間的一介子民，所祈求的，不就是平安幸福？

轉經

外圍有商店，有地攤，有乞者。

高聳的佛塔上，四眼佛睜著冷冷大眼，俯視眾生。

我們入境隨俗，跟著人群轉經。祈求這趟旅程，一路平安順利。

生命終點站

　　從四眼佛寺出來，轉往印度廟參觀。

　　一條小河兩旁，羅列著水泥砌成的圓台，那是印度教民，最終的歸宿地。一個人嚥下最後一口氣時，便被抬到圓台上火化，不多久，肉身化成灰燼，隨風灰飛煙滅。塵歸塵，土歸土，靈魂則回歸上天。對待生命終點的方式，多麼乾淨俐落！

終點

79

等待

用過中餐，前往機場，要飛往波卡拉。

內陸機場裡，萬頭鑽動，混亂中，必須機警地殺出一條路，將行李通過X光檢查，過磅秤，再經過安檢，才來到候機室。

濃霧籠罩，飛機遲遲無法起飛。正高興陽光終於露臉了，但波卡拉那邊卻仍是濃霧密佈。

等待，是唯一的方法。

祈福

波卡拉

　　從飛機上俯看喜馬拉雅山系，群峰連綿，白雪皚皚，山，默默在那裡，每年吸引著成群的登山者，前來朝聖。成功登頂者被尊為登山英雄，失敗者則撤退，繼續努力以赴，而不幸身葬高峰雪地的人，也算死得其所矣！山的魅力，是如此吸引人。

　　波卡拉，一個美麗的谷地山城，幅員遼闊，林木茂盛，是個風光迷人的城鎮。

　　波卡拉的城郊，山野圍繞中，座落著一棟典雅華麗的古老旅館，是當地一位大企業家所經營的旅店。

　　從外觀大門進去，沿著迴廊一路往內延伸，盡是雕欄畫棟，雕工細緻繁複，閒坐椅上，整個人也融入精緻的雕花刻木中矣！

小吃攤

81

　　房間不多，林園寬廣，林園之外，又連接遼闊的高爾夫球場，極目四望，盡是青蔥蒼翠，徜徉其中，彷彿置身世外桃源。

　　感激恰比的貼心安排，讓我們享受到如此優美的環境和精緻古典的旅館。

　　暫時把戒嚴的紛擾拋在外頭吧，且好好享受眼前的優美風光！

客倌，您想吃哪一掛？

波卡拉是個風光明媚的小山城，到尼泊爾旅行，總不會錯過她。沿著小小的街道漫步，各式各樣的手工藝品，目不暇給。

突然，前方一個賣水果的店面，深深吸引住我的目光。店家將各種水果，錯落有致地，用網袋高掛在上方，成為醒目的活招牌。

客人想吃什麼，只要抬頭瞧瞧便可搞定，真不愧是一目了然的水果「掛」。

水果掛

江森機場

飛越群山

清晨五點半起床，以最快速度將行李打包好。兩只大皮箱寄放在旅館，上山健行用的物品則分裝在兩個大背包裡。

六點整，旅館派車子送我們到機場，機場外圍，戒備森嚴。音訊不通，幾經尋找，終於找到導遊拉振，陪同一位笑臉迎人的中年挑伕阿福。

天候不佳，雲霧籠照山頭，無法飛行。等待，是唯一的方法。

拉振引我們到機場餐廳，點了一壺尼泊爾茶，開始享用旅館為我們準備的盒餐。

後來才知道，來到尼泊爾，等待，是搭飛機必修的一門功課。

餐廳裡坐滿了等待的人，或打牌，或閒聊，一派氣定神閒。

八點多，第一班飛機終於起飛了，很快地，便消失在群山間。

大約一小時後，飛機回來了。我們終於登機，順利起飛。

這是一架小型飛機，坐滿了十七個人。

尼泊爾

飛機升空後，很快飛入群山中，在狹隘的山谷上方盤桓前進。層層疊疊的山頭上，白雪皚皚，貼近在窗外，幾乎伸手可觸及。

飛機猛烈搖晃巔簸，我的心也隨著七上八下。一個藏族小男孩，嚇得一路哇哇大哭，死命抓住隔鄰乘客的衣服。

短短二十五分鐘的航程，在擔驚受怕中，竟顯得如此漫長。

一陣超劇烈的巔晃後，機場終於出現在下方，駕駛憑著嫻熟的技術，將飛機平安著陸在江森小小的一方機場上。

啊！江森，我們來了！

波卡拉街景

健行樂

　　下了飛機，走到江森街上一家旅店，有一位年輕的挑伕阿力等在那裡。根據尼泊爾法規，健行者除了必須辦理入山證外，同時每三人必得雇用一位挑伕，我們一家五口，需要雇用兩位。

　　安排妥當，一夥人走向山路，展開今天的健行。

　　放眼望去，山是黑白的原色系。皚皚白雪，鋪在黑色的山頭上，寒冬未去的時節，在這海拔兩千八百公尺的山嶺上，沒有綠樹，遍山覆蓋的是荊棘類的灌木叢。這些植物，長年受到風雪吹拂，呈現出一片乾枯的灰黑色。

　　沿著山路行走，左邊是皓皓雪山，右邊則是泥黃山巒。一淌河水，潺潺奔流，清澈歡快。行走其中，一種天地人相融於一的和諧安詳，溢滿心頭。

寒風吹面，冰涼而不刺痛。

一行八人，導遊拉振時前時後，招呼著。阿福和阿力兩位挑伕，背著大背包，遠遠走在隊伍前方。

一家五口，沿路拍照，開心笑鬧，在天寬地闊間，盡情享受。其中，最忙碌的就屬老爸了，要拍山光水色，又忙著撿路邊石頭，十個手指頭，簡直不夠用，不時還向大家炫耀戰利品。

午後一點，一座白色的城門，遠遠地出現在前方。城門內，一個小村莊，靜靜地佇立在山野間，那就是這條路上出名的大美女——瑪法。

白色的石牆上，框著紅、赭、藍、綠的門窗，屬於藏式的建築，在寂靜的大地上，顯得如此出塵脫俗，遺世獨立。

錯身

87

銅鈴響叮噹

　　從波卡拉飛到江森，大約二十五分鐘。下了飛機，便開始往瑪法的方向行走。

　　左邊是白雪覆蓋的皚皚高山，右邊則是草木枯萎的蕭索山巒。寬闊的河床，隔在兩組群山之間，清澈的河水，潺潺

奔流。冬天，是健行的淡季。起初，只有我們一家五口，加上當地導遊和兩位挑夫，緩緩走在蜿蜒的山路上。第一天的行程較輕鬆，大家好整以暇地徜徉在壯麗的山水間。山川默默，天地寂寂，行走其間，令人心曠神怡。

忽然，耳邊傳來陣陣叮噹聲，清脆的銅鈴，串串叮噹而來，迴盪在寂寥的空氣中。原來是，一列騾隊，正馱著重物，緩緩前行。尼泊爾多山，深山裡居民的物資，都是靠著騾隊，從山下長途跋涉，運送上來。

「Namasite！」（尼泊爾問安語，人們在路上相遇，不論老幼親疏，都會合掌真誠地問安。）我們入境隨俗，合掌向騾隊主人問候，也得到同樣熱忱的回應。

幾天下來，銅鈴、騾隊和問候聲，便成為山中健行的一大樂趣。

山中的行旅，有時是馬隊，多半是騾隊。領隊的主人，長年餐風露宿，面容風化得十分嚴重。年輕的，青春的臉頰上，蒙上一抹早來的風霜。而較年長的，身上的精氣，則似乎已被長途的跋涉，消耗將盡。

大自然可以賜給人類資源，也可以將人類的精氣一點一點吸乾，彷彿是一場浮士德與魔鬼的交易。

往後幾天，走在山路上，遇見他們時，除了真誠地合掌問候一聲：「Namasite」，內心更湧出無限的敬意。

雪花飄飄在瑪法

　　今天，是尼泊爾山中健行的第一天。

　　從江森出發，三個多小時後，抵達一個叫瑪法的村莊。投宿在一家名為天堂旅店的茶屋（尼泊爾山中健行路線上，有許多大小不一的村莊，大都經營商店和民宿，當地習慣稱為茶屋）。

　　遠遠地，一座白色的城門，屹立在村子口。進了城門，眼前出現的竟是一個美麗的村莊。

　　白色的石牆上，框著紅、赭、藍、綠等各色木雕門窗，是屬於藏式風格的建築。

　　在天寒地凍，萬木枯萎中，瑪法恍若一位遺世獨立，出塵脫俗的美人，靜靜佇立在渺渺孤寂間，為這片酷寒的大地，增添了幾許溫潤生息。

瑪法民舍

瑪法街景

　　吃過中飯，背起相機往屋外走。徜徉在村莊唯一的街道上，拍捉迷藏的孩童，拍裹著鮮豔大披風，彳亍而行的迷幻身影，拍馱著物資，迤邐前進的騾隊，拍…。

　　啊，小小一個村落，短短一條街道，竟是蘊藏著如許豐富的內涵。

　　整個下午，就在零度左右的街上，追人逐影地，一會兒逗孩子拍照，一會兒央求婦女入鏡頭。沉浸在異國的民風文化裡，目眩神迷，渾然忘了腿僵手凍。

　　向晚時分，天空飄起雪花。雪白的花片，飄在身上，飄在屋頂，飄在過往騾隊背上。玩耍的孩童回家去了，街道寂寂，只有雪花輕輕飄落。為這美麗的小村莊，撲上一層薄薄白粉。

　　夜幕漸漸低垂，心滿意足地，收工回屋裡。

　　抖落身上的雪花，店家在餐桌底下，生起了爐火。熊熊炭火，漸次溫暖了手腳。窗外，雪花依舊紛飛，飛在天井，飛在炕桌上方的透明屋頂上。

　　感謝上天的恩賜，和瑪法的初見面，竟是充滿了濃濃的詩情與畫意。

今夜，星光燦爛

瑪法，是第一個投宿的村莊，藏式的建築，白石牆上，框著紅、赭、藍、綠等豔麗的木雕門窗，在天寒地凍中，展現著她出塵的風韻。

黃昏時，天空飄起雪花，我們圍爐而坐，熊熊火燄，溫熱了冰凍的手腳。在溫暖的氛圍中，享用民宿主人精心準備的晚餐。有炒麵、蔬菜湯麵、雞肉炒飯和尼泊爾家常飯等。這些物資，是騾隊從山下跋涉了四、五天，運送上來的。細嚼慢嚥之餘，備覺感恩幸福！

啜幾口當地的白酒，嚴謹的老爸，熱情漸漸釋放，開心大聲談笑。一向悶燒的鍋爐找到了出口，徐徐噴出隱藏的熱情，濃濃的親情，融化了僵硬的肢體線條，而變得柔軟輕鬆，今夜光景，何等溫馨。

大兒子大胖才結束MSF的首趟任務，剛從賴比瑞亞回來。女兒小萱則從英國短期學習歸來。小兒子小波依舊無憂無慮地過日子。而一段長長的年假，成就了這一趟尼泊爾之行。

一家五口，深入山中健行，一步一步融入壯麗的山河懷抱裡，更走出了連連的驚喜。

將進酒！人生六十，風光無限。事業有成，學術有成，嗜好的繪畫，也有小小的成就，忍不住要感恩上天的眷顧。這一路走來，有驚濤駭浪，也有清風霽月，不論是順境或逆境，處處都是上天的恩賜。

雪夜

經由努力工作，勤儉持家，所累積的財富，簡單過生活，不虞匱乏。更棒的是，猶有餘裕可以享受旅遊的樂趣，成就生命豐饒的內涵。

窗外，風雪嚴寒，屋內，卻是暖烘烘地。

老爸一邊高談闊論，一邊站著替大家斟酒，猛抬頭，忽然大叫：「啊，好亮的星星！」

雪，停了。

衝出屋外，啊！滿天星斗，一閃一閃亮晶晶。

爸爸提議，看星星去！

大夥穿戴齊全，摸黑登上附近喇嘛廟的石階。雪後的星空，如此清朗。點點星光，恍如鑲在絲絨布上的鑽石，輝耀閃爍。冒著刺骨的寒風，一群人，七嘴八舌地，對著星空，指指點點。笑鬧聲，驚醒了沉睡的狗兒，此起彼落的汪汪狂吠。

今夜，在瑪法，天上星光燦爛，地上一群星癡，則是滿心亮晶晶。

感恩上天的眷顧，讓我們得享如此好山好水好光景。

輕微高山症

　　昨夜酷寒，山中物資短缺。民宿供應的棉被，又舊又硬，幾乎沒有禦寒的功能。幸好我們準備了睡袋，全副武裝鑽進睡袋裡，好不容易烘暖了，心跳卻硼硼硼地響不停。腦筋一片空白，就是無法合眼。起床上廁所，再鑽回被窩，又得花一番工夫讓身體溫暖。

　　愈是睡不著，愈想上廁所，先後起來三、四次，搞得寒凍不堪。折騰到一點多，好不容易才矇矇然睡去，三點多又醒來如廁，直到天亮，了無睡意。

天堂旅店

早餐桌上，寒凍加上無眠，整個人昏昏沉沉，心情盪到谷底。我提出想留在江森，而不往卡貝尼前進的要求。

要求被討論，但並未作出決議，大家一致替我加油打氣。

早餐後，往江森方向走。這段路程，昨天已走過，頭昏腦脹，根本無心拍照。全心全力放在腳下，邊走邊念「阿彌陀佛」。身心極不舒服，疲憊不堪。

老爸和女兒不斷地給我加油打氣，無奈，油只加到耳朵，卻無法通達雙腳，使它們輕快些。

我要睡覺，我好想睡覺，讓我好好睡一覺吧！

終於回到江森，總算鬆了一口氣。經過一番評估和討論，結果是我獨自留在江森過夜，其他七人則繼續往上走。

目送父子四人的身影消失在山徑中，我回房倒頭便睡。這家叫Majusty的民宿，設備齊全，床被溫暖舒適，不一會兒，便墜入沉沉的夢鄉中。

啊，能夠溫暖地睡一覺，何等幸福！

檢查哨

誰來晚餐

　　暖烘烘的餐桌邊，圍坐了八個人。五位尼泊爾婦女，來自別的鄉鎮，今晚投宿在這裡。她們一邊享用尼泊爾食物，一邊高聲談笑。一位英國女孩和她年齡不相上下的挑伕，低聲討論接下來的行程。加上一個孤伶伶的我。八個人團團圍桌而坐，桌下一盆熊熊炭火，醞釀出一股溫暖融洽的氛圍，驅走了我內心的孤單和寒意。

　　家人都上卡貝尼去了，只有我昨夜因寒凍無法入眠，今早頭痛欲裂，呼吸急促，擔心再往上爬，恐怕會出現嚴重的高山症。大家商議結果，我停留在江森，其他四人，則繼續往上前進卡貝尼。

　　這家旅店名叫「Majesty」，是尊貴的意思。的確是江森鎮裡最豪華的一間旅館。房間裡四面牆壁，都貼上木板隔絕寒凍，櫸木地板上鋪了厚厚的暗紅色地毯，床墊上鋪了一條花開朵朵的厚毛毯，再摸摸那床棉被，啊！如此柔軟蓬鬆，這一切設備，溫暖而舒適。比起瑪法的簡陋寒凍，真有天壤之別。

　　送走家人，回房鑽進柔暖的被窩，不知不覺間，便墜入香甜的夢鄉。

　　一覺醒來，神清氣爽，活力全回來了。背起相機，到街上拍照去。

下棋

　　晚上，店家在餐廳升起爐火取暖。 屋外氣溫，低於攝氏零度。屋內八個人，歡喜圍爐，各自享用自己的食物，其樂也融融。

　　飯後，英國女孩麗茲的挑伕離開了，我們便聊了起來。瘦削的臉頰上，泛漾著被太陽烘烤出來的紅暈。原來，上星期她才剛從喜瑪拉雅基地營下來，前後花了十四天。今天，從波卡拉飛來江森，預計以一星期時間，走另一條健行路線，一路往下走回波卡拉。真是個獨立又勇敢的陽光女孩！

　　麗茲剛從英格蘭大學畢業，計劃先到國外旅遊三個月，然後再進入職場工作。

　　「妳一個人跑到尼泊爾，挑戰如此高難度的登山活動，父母不會擔心嗎？」

　　「也是經過一番爭論，才得到的機會。」麗茲笑說。

　　「目前正戒嚴中，電訊都不通，多久沒跟家裡聯絡

江森街景

了？」從一月下旬開始，尼泊爾政府，為了瓦解反政府組織，
而下達戒嚴令。國內外電訊一概斷絕。我忍不住關心起來。

「已經兩個多星期沒打電話回去了，我爸媽一定急瘋
了。那妳呢？」一絲擔憂閃過秀麗的臉龐。

「我們是全家一起來，比較不擔心。希望很快會恢復通
訊。」我只有如此安慰她了。

盆火愈來愈微弱，寒意漸濃。我們互道晚安，各自回房去。

在尼泊爾深山中的小村鎮，江森的客棧裡，巧遇一個陽
光般的英國女孩，萍水相逢，也許，明天就各奔東西，然今
夜交會時互放的光亮，將留在記憶的扉頁裡。人與人之間的
緣份，何其微妙！

黃金豐收

　　清晨，在一陣銅鈴叮噹聲中，悠悠醒轉。梳洗過，到餐廳用餐，點了蘋果派加一壺熱茶，好整以暇地慢慢品嚐一個人的早餐。

　　陽光在窗櫺邊徘徊，是個拍照的好天氣。

　　用過餐，背起相機，出門攝掠去也！

　　街上，一群騾隊正在卸貨。路旁，有個小小的市集，地上擺著自家種的蔬果。買了幾顆蘋果，瘦瘦小小的，倒也清脆香甜。

　　尼泊爾這個國家，群山環繞，山區的交通，多半還停留在原始的狀態。

　　成群的騾隊，是山中的主要交通工具。所有民生物資，吃的糧米蔬果，睡的床墊棉被等等，都靠騾隊從山下長途跋涉，一一運送上來。

　　由於山路沒有車子，因此能夠自在地親近壯麗的山河。沿途中，倒是不時會與騾隊擦肩而過。每當耳邊傳來陣陣和諧的銅鈴聲，便知道騾隊要經過了。銅鈴響叮噹，為酷寒沉寂的山路，增添了幾分朗朗生息。

　　銅鈴聲與騾隊，在山中健行的日子裡，便成為鼓舞步伐的最佳精神指標。

　　離開江森街道，漸漸往山路方向行去，來到一個小村莊，遠遠地，看見一對小姊妹低著頭，在馬路上來回搜尋，

姊姊的肩上背著竹籮筐，不
知籮筐裡裝了什麼東西？快
步趨前一看，原來裝的是一
坨坨的騾糞。

　　看我舉起相機，姊姊得
意地將籮筐挪到前面，指指她
的「黃金」戰利品，要求我拍
照。我笑著點點頭，連續按下
幾次快門，為這對勤勞懂事的
小姊妹，留下「黃金豐收」的
記錄。

拾黃金

在尼泊爾搞飛機

今天是山中健行的第五天，接下來的三天，是當初規劃之外的行程。

尼泊爾多山，飛行常常受到天候的限制，冬天尤其嚴重。江森的風，是有名的兇猛，當地人有句諺語：「哦，這簡直是江森的風。」就是形容一個人很兇悍，或這件事十分棘手。

風太強，不能飛。濃霧罩山，不能飛。雪花遮蔽視線，不能飛。…。反正，在尼泊爾搭飛機，「等待」是基本的必

要功夫。之前，一路從加德滿都飛到波卡拉，再從波卡拉飛來江森，認為已經嘗夠了等待的滋味，沒想到，那還只是屬於「正常」的等待。

尼泊爾飛機，延遲一兩小時是「正常」，在一小時內起飛，是「奇蹟」，而等個兩天三天，甚至更久，才算是「延遲」。對敬天畏神的尼泊爾人來說，「是老天的關係嘛！有什麼好見怪的？」「今天不飛，就明天飛，明天不飛，就等後天嘛！」

一早，行李打包好，吃過早餐，等待機場通知飛回波卡拉。

濃霧緊緊籠罩在山頭，時間一分一秒過去，濃霧依舊盤踞不散，真是急煞人也。機場對街上，擠滿了人，有些是要搭飛機的，有些是來接人的，有些則是來取貨的。不管目的為何，目光卻是一致地望向飛機下降的隘口，期盼著雲開霧散。

盼呀盼地，一個鐘頭過去，兩個鐘頭過去，飛機仍不見蹤影。

十點，航站人員宣佈，今天確定不飛了。眾人姍姍離去，只好把希望寄託在明天。

A計劃行不通，就執行B計劃吧！回到旅館，打開行李，背起小背包，決定去探訪江森附近的一個聖湖。

典藏在深山中的聖湖

　　今天，原本要飛回波卡拉，但天候不佳，無法飛行。於是，去探訪聖湖。

　　沿著山徑，蜿蜒而上。偶爾遇見一兩位藏民，背著木柴下山去。幾縷炊煙，飄忽在零星的民家屋頂上。

　　整個山區，呈現一片土黃的枯寂。

　　轉過幾個山頭，眼前赫然開朗。皚皚白雪，從山頂迤邐而下。蒼勁的松樹，在雪白的山坡上，點出朗朗生機。

　　山下，一潭碧綠湖水，安適地躺在群山環抱裡。

　　啊，聖湖！上帝典藏在深山中的一顆翡翠。

　　依藏族習俗，我們順時鐘繞湖一周，敬天畏地，祈求平安。

　　冷峻的冰山，春來化作雪水，緩緩注入湖心。玉潔的碧湖，終年守望著壯偉的山巒。在荒寂的大地間，彼此相依相守。

　　啊！天地萬物，原來蘊藏著共生互補的妙趣。

　　於是，山與湖的存在，便充滿了神聖的意涵。

　　而我們的尼泊爾山中健行，也收藏了一顆翡翠般的碧綠聖湖。

聖湖

聖湖邊的藏族人家

這天，去探訪聖湖。從江森機場旁，蜿蜒入山去。

冬末時節，四野一片枯黃。

幾度轉折盤桓，眼前豁然開朗。皚皚高山，聳立在眼前。點點蒼松，挺拔在雪坡上，醞釀出一幅潑墨山水。

雪山下，靜靜躺著一潭碧湖，那就是藏人尊稱的聖湖。湖邊，住著一戶藏族人家。

兩個男孩，坐在石塊上，雙腳泡在熱水盆裡，開懷嬉鬧。見客人上門，趕緊衝進屋去通報。

母親和女兒出來招呼，溫婉中略帶幾分羞澀。屋內零散的家當，隱隱透露出生活的艱困。

不一會兒，母親提著熱壺，為我們斟上滿滿一碗酥油茶。瞬間，香濃四溢。對看窗外的雪山和聖湖，細細啜飲，味蕾歡躍在香醇濃稠中。

臨走，將背包裡的糖果，留給乖巧的孩子們。再見了，聖湖邊的大地之子。

荒山僻野中，能得聖湖守護，何等幸福！

聖湖邊的酥油茶香，為我們的尼泊爾山中健行，留下酥油茶縷縷香濃的餘味。

一顆翡翠，典藏在深山中

原本預計今天要飛回波卡拉，無奈江森機場的山頭，濃霧籠罩。盼呀盼的，就是不見從波卡拉過來的飛機蹤影。

過了十點，確定今天飛不成了，於是決定去探訪聖湖。

出了村落，往機場後方的群山行去。

從公路往下走，迂迴在寬廣的河床間。一帶清淺，潺潺奔流在潔淨的沙石間。導遊拉振和挑伕阿福，在前方探路，尋找狹窄且有石塊可踮腳跨越的河灣。

　　越過河床，開始往山中爬升。山勢不高，緩步而上，微微喘息中，猶有餘力可以欣賞四周風光。山徑上，偶爾遇見一兩位居民，或趕著一匹馱負木柴的騾子，下山賣錢去。或是肩背籮筐，到鎮上採買物資。

　　身體開始發熱，脫下羽毛衣，陣陣清風吹來，說不出的冰涼舒暢。

　　越過一個山頭，一小塊平坦的空地上，聚居著幾戶人家。炊煙裊裊，三五匹騾馬，悠閒地在打盹，母雞帶著小雞，忙碌覓食。三兩孩童，見外人前來，興奮地爬上矮石牆，大聲打招呼。

　　轉過兩個山頭，聖湖仍不見芳蹤。

　　　　　　　　　　　　　　　　　　依偎

「都是光禿禿的山頭，那可能有湖水？」內心開始狐疑。

突然，遠遠地看見大胖對我們猛招手。

繞過山頭，一片生機盎然的景象，赫然開展在眼前。皚皚白雪，從巍峨的大山，迤邐而下，綿延到一處平坦空曠地。錯落有致的松樹，不畏酷寒，傲然挺立，蓊鬱的墨綠色，在雪白的山坡上，點出朗朗生機。

上帝用深濃的墨綠，在雪白的大地上，揮灑出一幅蒼勁的潑墨畫。

我鼓起精神，加快腳步向前行。

啊，聖湖！上帝典藏在深山中的一顆翡翠。一潭湖水，優閒安適地躺在群山環抱裡，晶瑩剔透，青翠碧綠。

依藏族習俗，我們順時鐘繞湖一周，敬天畏地，祈求平安。

皚皚雪山，巍峨的身形，投影在碧綠湖水中。雄偉剛毅的形體，化做溫柔的小心翼翼。

此時，已分不出，強的是山呢？還是湖？柔的是湖呢？還是山？

天地萬物，原來有它的共生互補之妙。

終年積雪的冰山，春來溫柔地融解，汨汨雪水，緩緩注入碧湖的心坎裡。

而碧湖，深情款款地，日夜守望著壯偉的山嶺。在荒寂的大地間，有了相依相守的伴侶。

於是，山與湖的存在，便充滿了神聖的意涵。

在暴風雪中前進

在江森，因天候不佳，連著兩天飛機都停飛。困在江森枯等也不是辦法，全家一致決定：

「飛機不飛，就靠雙腳走下山吧！」於是只需二十五分鐘的飛行時間，一下子延伸成三天半的腳程，再加上整整一天的長途車程。

也因此，為這趟旅程，曾添了一連串的苦樂和驚喜。

一早，風雪交加，冒著暴風雪，一行人從江森往下走。三個孩子，及挑伕阿福和導遊拉振結伴先行，在江森雇用的年輕挑伕阿力已經離開了。大胖具有豐富的登山經驗，可以照顧姊弟。老爸和我，則騎在馬上，由馬伕阿亮引導，緩緩前行。

雪花堆積在鏡片上，模糊了視線，天地就只一片白茫茫。我雙手緊緊抓住韁繩，任由馬伕牽著走。不時大聲呼喊後面的老伴，是否有跟上來。心中惦念著孩子，不知會不會受凍或迷路？大胖的舊登山鞋已經送給年輕挑伕阿力了，腳上只穿著厚襪和涼鞋。半小時後，我的一雙腿凍得漸漸失去知覺。大地的威嚴，是如此令人敬畏。我只有輕聲唸著「阿彌陀佛」，祈求佛菩薩保佑了。

雪中行進

兩個多小時後，在瑪法與大家會合，一顆懸宕的心，才得安定。

再次回到瑪法的天堂旅店，女主人關心地送上炒飯。匆匆吃過午飯，又趕忙上路。

雪，依舊厚厚地灑潑下來。

走出村莊，載運行李的拖曳車，等在村口。年輕的司機哈利要我們坐上車，導遊拉振和馬伕阿亮則騎馬沿山路走。

他勸道：「風雪這麼大，今晚走不到卡羅巴尼的。」好吧！大夥乖乖上車，擠成一堆，那模樣，好像要去上工的勞動大隊。

暴風雪中，一夥人，蜷縮在車上，「飽受」寒風刺骨的滋味。

拖曳機有超大的輪胎，司機握著方向盤，熟練地在河床間顛簸前進。五臟六腑，被顛得翻來攪去，幾乎移了位。

「哈！這可是千載難逢的『健行』經驗哪！」曾經登上聖母峰基地營的大胖，苦中作樂，一路搞笑不停，給大家解悶兼打氣。

兩個小時後，雪，漸漸轉小了。車上，除我們一隊人馬外，還有一位阿嬤，女兒看她沒戴手套，便送她一個暖暖包，阿嬤如獲至寶似地，緊緊摀在手裡。沿途中，又上來三個小男孩，衣著破舊又單薄，看他們生龍活虎的模樣，那股堅韌的生命力，令人感動，真是大地之子。

　　瑟縮在車上，舉目四望，風雪中的山巒，另有一番光景。雪花飄在山坡上，落在樹梢頭，與蒼翠的枝葉，鋪排出連幅的潑墨山水。而雪地上的行人和騾隊，則成了生動的點景人物。

　　向晚時分，終於抵達預訂的民宿。店家趕緊燒熱茶生碳火為我們驅寒。挑伕阿福則幫忙把濕透的雨絨衣、睡袋和鞋子鋪在空出的桌椅上烤乾。

　　今天是除夕，老爸央請店家搜出所有的材料，湊合著煮了一桌合菜，邀請導遊、挑伕和馬伕，圍桌共享溫馨的年夜飯。

　　大夥圍爐而坐，一邊啜飲土產的蘋果酒，一邊高聲談笑，早把旅途跋涉的疲累，拋卻到屋外。

大地之子

拖拉機舵手

拖拉機在河床間，一路顛簸前行。黃昏時，來到卡羅巴尼村子口，年輕駕駛請我們下車，步行進入村中。沿路上蜷曲成一團的肢體，總算得以舒展筋骨。走了大約二十分鐘，終於抵達了今夜安身的民宿。

這位駕駛的青年名叫哈利，跟大胖的年紀相仿，兩人相談甚歡。哈利世居卡羅巴尼，見多識廣，是個山中健行嚮導，對深山中的地形，瞭若指掌，言談間，頗以這片大地為傲。不當嚮導時，便開著拖拉機往來村落間，運送貨品，憑著多年的經驗，在奔騰的河流間，摸索出一條安全又順利的捷徑。

今天，在暴風雪中，多虧他的熟練技術，我們才得以長途跋涉，安全抵達夜宿地。

在深山的大風雪中，有幸認識一位陽光般的男孩，是旅途上的一份好機緣。

拖拉機

112

風雪夜，溫馨年夜飯

　　哈利領我們進入民宿，將我們交給主人便轉身離去，兩位年輕人趕緊生爐火，泡熱茶給大家驅寒。

　　今天是除夕夜，老爸央請店家搜出所有的食材，煮了一桌豐盛的年夜飯。

　　兩位青年，手忙腳亂地，賣力烹煮，一個鐘頭後，端上滿滿一桌菜，計有炒飯兩盤，炒麵兩盤，爆雞丁兩盤，炒乾肉（到底是牛肉？馬肉或騾肉？不得而知。）兩盤，蔬菜兩盤，一鍋蔬菜湯，加上自釀的蘋果酒。哈！在物資奇缺的深山中，這可是頂級的滿漢全席哩！

　　老爸宣佈今晚他請客，邀請導遊、馬伕和挑伕一同用餐，八個人圍爐而坐，邊乾杯邊大塊朵頤，酒酣耳熱之際，話匣子便打開了。你一言我一語的，聊起一路上的驚險艱苦，激起了陣陣爆笑。中年的馬伕說，他長這麼大，第一次碰到這種暴風雪，好幾次，馬匹都嚇得不敢前進。我們舉杯向他致謝。他說太太即將生產，真擔心暴風雪持續下去，使他無法及時趕回江森。我們又舉杯向他恭喜，並安慰他老天會保佑他順利趕回江森的。

　　靜靜的挑伕阿福，依舊滿臉笑意，起身向我們敬酒，我們謝謝他，一路從波卡拉細心地照顧著我們。

　　導遊拉振，幾杯酒下肚，話更多了。他説，託我們的福，他才有機會進入山中健行。他帶領一般旅行團，走遍各個景點，一向得心應手，沒想到進入山中，狀況連連，加上通訊斷絕，無法向公司聯繫，弄得灰頭土臉，差點招架不住。我們舉杯向他致歉，給他增添許多麻煩。

　　話題愈來愈高昂，笑聲盈滿室，吃飽喝足，人人紅光滿面，大笑開懷。

　　除夕夜，在尼泊爾深山中，享用了一頓溫馨的年夜飯。

挑伕

晨光

晨光中的卡羅巴尼

昨晚的年夜飯,大夥吃得酒足飯飽,一夜好眠。一早起來,人人神清氣爽。

早餐桌上,大胖鄭重宣佈:「今天的路程很長,腳步要加快一點,午餐在瀑布餐廳吃,到那裡才能休息。」

根據他多年登大山的經驗,午餐前,一定要走完三分之二的行程,才能在天黑前趕到投宿地點。

這幾天在山中健行,大胖已經見識到我們這群老弱殘兵的德行,有對準風景拍照,便忘了行進的。有腳酸腿軟,老是要求歇腳的。有氣喘噓噓,需要停下調息的。有……。真是狀況連連,數不勝數。

「今天要嚴格掌控速度，爸，請您就忍著點，少拍照了吧！」第一個被點到的是頭號黑名單。

「我走得很快啊！」老爸趕緊辯駁。

「才怪！每次都遠遠落在後面。」不料，招來一片撻伐聲。

「好啦！好啦！我今天不拍照就是了。」老爸裝出一副無辜相。

吃過早餐，整裝出發。所謂「整裝」，就是把那一百零一套的羽絨衣等保暖裝備，再依序套上身。

卡羅巴尼是個群山環繞的小村莊，寧靜安詳。

朝日從群山背後泛出朦朧白光，把雄偉的山岳，渲染得柔和了。猶如剛毅的英雄，呈現出溫柔浪漫的一面。

氣溫上升，不再那麼寒凍，加上清朗的晨光，身心頓覺舒暢起來。

環顧四周，揮別群山，揮別卡羅巴尼，踩著輕快的腳步，往下前進。

今天有陽光照拂，應是個愉快的健行天。

那匹溜溜的小馬

尼泊爾山區，有幾條大眾化的健行路線，我們走的這條是以江森為中心點，往慕提那方向是上坡路，而往貝尼方向，則是下坡路。

如果以為下坡路段比較輕鬆，那就錯了。尤其從卡羅巴尼以後，坡度逐漸加大，走起來，可就如人飲水，「甘苦自知」了。

出發時，馬伕阿亮牽來小馬請我騎上去，以便節省腳力。

欣然跨上馬背，威風凜凜的馬上英姿，跟昨天在暴風雪中踽踽而行的「驚慌」人相比，簡直判若兩人。

啊，天候左右人的情緒，何其威大！

揮別卡羅巴尼，大夥踩著輕快的步伐，沿路上，忙著跟村民孩童打招呼，有說有笑地，下山去也。

駄重

117

陽光普照，透過羽絨衣，傳導入肌理，緩緩融化了幾天來的寒凍，脫下厚重的外衣，整個人頓覺輕鬆爽俐。

漸漸地，坡度加大了，遇到有石階的路段，兩塊石板間，往往有四五十公分的落差，當馬兒的前腳向下踩時，整個人幾乎要倒栽蔥，嚇得我驚叫連連。

於是，雙手死命抓住韁繩，雙腿牢牢夾住馬肚，兩眼直視，緊盯著前方的路階。

「No problem！No problem！」阿亮不停地安撫著。

問題是，他一手牽著馱背包的大馬，一手要掌控我的坐騎，難免會有顧此失彼的時候。

有次，進入一個村落時，差點碰到門楣。（藏族習俗，在村莊入口設有白色大門，點綴在山野間，顯得莊嚴而典雅。）

另一次，經過大石塊堆疊的路段，為了閃避上行的騾隊，阿亮力扯韁繩，喝令小馬靠右而行，一個閃失，我的膝蓋被尖銳的石塊劃破一個洞，痛得我淚珠在眼眶裡直打滾。

本來，騎馬是為了讓行程更輕鬆。但是，一個多小時下來，卻是驚險連連，搞得我雙臂酸痛，全身僵硬，膝蓋受傷，更離譜的是，脫下厚手套，赫然發現，手掌竟磨出水泡了。

我告訴馬伕，不騎了。跨下馬背，整個人豁然輕快。

阿亮大概也暗自鬆了一口氣吧！否則，一路下去，他那匹心愛的小馬，不被韁繩勒斃，肚皮也難逃被夾傷吧！

佛像

千山獨行俠

　　大胖一忽兒走在遠遠的前方,一忽兒停頓在原地,有時是為了扶我過吊橋,多半是催促落後的人,尤其是頭號黑名單上的老爸。

　　一百七十八公分的高瘦身形,一件鮮黃登山外套,厚重的黃色背包裡,塞滿了厚厚的地圖書、水瓶以及相機和長鏡頭等各種配備,行走在大山大水間,顯得和諧而又突出。

　　「胖,你好像在行軍咧!」每天看他背負這麼重的行囊,忍不住陶侃道。

　　「這可是隨身的基本配備呀!」

　　的確,累積多年自助旅行的經驗,這樣的負重對他來說,可算是輕鬆的。

　　這個自主、熱情的大男孩,渾身充滿了好奇冒險的細胞。大學時期,便利用暑假,背起背包自助旅行去。醫學院畢業後,更花一年時間,作一趟世界之旅,足跡遍及歐亞各國。從尼泊爾登上聖母峰基地營,下來之後,又從尼泊爾搭車進入西藏。

　　他恣意地在世界各地遊走，尋找對自己生命的詮釋方法。思索著要成為什麼樣的醫生？一顆不安的靈魂，終於在「無國界醫生組織」（MSF）找到安頓。

　　西元2004年，大胖被（MSF）派往西非賴比瑞亞行醫，2005年1月底，歷經十個月，任務圓滿達成，平安回來。

　　那段無國界醫生的行醫經驗，對他的成長歷程，是個莫大的恩典。在惡劣的環境中，仍堅守本分，常保信心，而終於領悟出，生命存在的最大意義。

　　這一趟全家出遊，可說是上天的恩賜。

　　透過旅行社，我們認識了恰比，這個台灣女婿是尼泊爾人，有三個兄弟在尼泊爾經營旅行社，經過幾次討論，敲定行程。藉著電子郵件往返，跟遠在賴比瑞亞行醫的兒子敲定出發日期。

　　賴比瑞亞在動亂中，大胖能否如期回國，是個未定數。

　　老天保佑，兒子的任務圓滿達成，如期回來。才剛放下從非洲帶回的行囊，兩天後又匆匆整裝出發到尼泊爾。

　　尼泊爾五人健行團，終於出發了，由大胖擔任總領隊。

　　在賴比瑞亞行醫期間，物資缺乏，餐食粗簡。回來之後，長期被壓抑的食慾，突然甦醒了。這一路上，大胖吃個不停。在加德滿都，如此。在波卡拉更誇張。中午，在頂級的旅館餐廳點了豐盛的尼泊爾套餐，質量有二人份之多，看他細細品嚐，吃得眉開眼笑。下午四點多，到費娃湖邊遊

覽，看見零食攤，又上前光顧，東挑西加的，乖乖，又是一大碗公吃食。

「嘿，這小子還真能吃！」我笑著說。

「在非洲餓壞了吧？」老爸心疼地打量著他的吃相。

幸好，來到山中健行，除了三餐和自備的限量乾糧，並沒有路邊攤可吃，否則，真擔心他的腸胃會撐爆呢。

天堂旅館

這一路走來，多虧大胖的機智和應變能力，讓充滿變數的行程，得以順利進行，圓了一家人到尼泊爾山中健行的美夢。

在山中，大家雖然吃了不少苦頭，卻也因為如此貼近這一片壯麗的山水，而認識了深山中，敬天畏地，良善樸實的族群。

行走山河，讓人視野開闊，心胸平和。經過一次又一次的淬鍊，這個千山獨行俠，終於體悟到生命深層的意義。

落入凡間的星星

　　小波遠遠地走在前方，腳步穩健而輕快。

　　背包裡裝著兩瓶大水壺，三顆蘋果，一包餅乾，外加一大一小兩本心愛的相簿。

　　在高山中健行，氣候乾冷，即使沒流汗，也必需不時補充水份，以免身體缺水，引發頭痛等不適症狀。

　　每天早上出發前，所有水壺都裝滿了水，每人隨身帶一瓶，路上隨時補充水分。小波背上的兩大瓶，則是補給之用，所以，小波是全家的飲水補給軍。

　　保溫瓶較重，但保熱效果好。用它們裝薑茶或人蔘茶，路途上便可喝到熱騰騰的薑茶和人蔘茶。四個保溫瓶，則分別由老爸、大胖、小萱和我背著。

　　小波是個自閉兒，自閉症的孩子，生性固執，有自己的一套思維模式，更有獨特的喜好，好似遠在天邊的星星，難以溝通，因此被暱稱為星星兒。

　　六歲前的小波，是個體弱多病，愛哭鬧，脾氣倔強的渾小子。幸好接受專家建議，及時給與訓練，讓他學會了語言溝通和生活常規。如今，長大成人的小波，已然變成溫和有禮的大帥哥。

　　出外旅行，他會拉自己的行李，緊跟在大人身邊。更棒的是，還會幫忙留意路上的一些狀況。

尼泊爾少年

從小，雖然上的是特教班，特教機構，但是，我們盡量把他當一般孩子教養。

出外用餐，國內遊玩，全家出國旅行，總是可以同行。每一趟旅遊回來，小波的視野更開闊了，知識也更豐富了。

就像一般孩子一樣，小波也有煩人的時候。

因為無法理解全盤行程，所以每天早餐桌上，小波一定逼著大家向他做「簡報」。

比如：「吃飽以後做什麼？」「中午在那裡吃飯？」「晚上在那裡睡覺？」「路上可以吃餅乾嗎？」「今天有沒有吊車？」（近兩三年，小波迷上吊車，看到吊車，便要求幫他拍照留念。）

別以為都是些芝麻綠豆的小事，對他來說，可是天大的重要事。我們必須輪番向他說明，老爸首先向他報告一遍，他便轉向老媽和兄姊一一求證，若是答案完全一致，他便滿意地

安靜吃早餐。萬一某個人的答案有些許出入，小波則會重頭再「諮詢」一遍，以確定誰說的方案才是正確的。

因此，我們家被小波訓練出凡事保持口徑一致的功夫。

這個幼時體弱多病的孩子，從會平穩走路開始，我們便盡量帶他接近大自然。台北近郊的山野，是假日的好去處。上國中後，陽明、七星和大屯等山區的步道，更留下無以數計的足跡。

在大自然的陶冶下，小波的身體日益強壯，性情也愈來愈溫和。

這一趟山中健行的艱苦，狀況連連，大大出乎我們的預期。人人都喊累，只有小波，總是靜靜地配合著一切作息。出發時，二話不說，快步前進，毫不囉嗦。

在天寬地闊間，小波的身軀和心靈，得到全然的釋放，行走其中，安然而自在，真是個大地之子。

幾天下來，小波跟挑伕阿福成了好朋友，他腳程快，只有阿福能伴隨左右，一路照顧著。不時提醒他避開大石塊和糞坨。遇上騾隊時，更要協助他靠山壁行走，以免被騾匹擠落山崖。

對於點餐，小波自有一套實際功夫。來到尼泊爾第二天，他摸索出既能填飽肚子又好吃的餐食就是炒飯加蔬菜湯，從此，炒飯便成了他從一而終的招牌餐。偶爾加一罐可樂，那更令他樂得眉開眼笑。

哦，簡單就是幸福！小波似乎深懂箇中三昧哩！

望眼欲穿的瀑布餐廳

跨下馬背後，有如卸下枷鎖似地，頓然感到輕鬆自在。

踩著輕鬆的步伐，有說有笑地，蜿蜒在忽高忽低的山路上。

陽光明亮，灑在身上，曬得人暖烘烘的。背脊開始冒出汗珠，流汗的感覺真是爽快。

十點多，來到一處山頭，居高臨下，視野極佳，眺望遠方山壁上，掛有一道白泉，旁邊則點綴著小小的屋舍。

「看！那就是瀑布餐廳。」大胖不時停下來等候我們，以便掌控行進速度。這個領隊，今天可是鐵面無私，只准大家暫停喝水，卻嚴格禁止坐下來休息。

「好啊，瀑布餐廳在望咧！」我忍不住嚷嚷著。

「媽，加油！」

阿亮覺得我們出錢租用他的馬卻沒有騎，很不好意思，便慫恿老爸跨上馬背。

老爸的騎術比我強多了，果真是英姿煥發，豪情萬丈。更厲害的是，還可以一手握韁繩，一手舉相機拍照哩。

「嘿，這可是長年在開刀房磨練出來的穩定功夫喔！」哦，被讚美兩句，居然臭屁起來了。

走呀，走的，走得汗流浹背，口乾舌燥，早餐吃下肚的糧食，也消耗將盡。乾糧已經送給聖湖邊的孩子們，行囊裡只剩下一些零星的糖果，每人分一顆補充體力。

英姿

　　我的一雙腿，開始面對嚴酷的考驗，尤其是曾經受過傷的左膝蓋，漸漸冒出抗議的聲音。

　　「來，換妳騎吧！」看我步履減慢了，老爸建議道。

　　「不！不！不！我可以走。」嘿，腳痛總比僵硬著肢體，擔驚受怕來得好。

　　一個小時過去，那個瀑布餐廳——我們中餐的應許地，卻仍在忽近忽遠處。

　　好幾次，看見路邊的大石塊，真恨不得一屁股坐下去，猛抬頭，但見大胖就在不遠處緊盯著看。又來到一處山頭，下方的瀑布形影更清晰了。

　　「哇！餐廳快到囉！」我忍不住高聲歡呼，給大家打氣。

　　陽光熾熱，曬得人頭昏眼花，上衣脫得只剩一件，下身可慘了，厚厚的登山褲裡，還穿了件羊毛褲，把屁股悶得幾乎要冒煙。肚子開始咕嚕作響。

　　頂著驕陽，忍著燠熱，耐著饑餓，強打起精神，一路翻轉在山路上。

　　遇到行人，只能低聲打招呼。

　　又一個鐘頭過去。

　　瀑布終於確切地出現在前方山腳下，瀑布、河流，還有那可愛的餐廳，成為一個明明確確的具象物體。

　　「啊，就到囉！」

　　食物，牽引著腳步，盡快往前行。

半小時後，終於抵達可愛的瀑布餐廳。

大胖早已為大家點好食物，炒麵或炒飯，熱茶或檸檬汁，各取所需。

走進餐廳，我迫不及待向店家借房間，剝下羊毛褲。

「啊！」似乎聽見臀部頓然獲得解放的歡呼聲。

在這個望眼欲穿的餐廳裡，小萱點了一杯檸檬汁，她吸入一大口，忽然慘叫一聲，緊接著眼鼻嘴皺成一團，眾人感到滿頭霧水，她讓大家輪流品嚐，啊！這才是道地的鮮純檸檬汁，那個酸味呀，直鑽入牙齦深處，叫人永生難忘。

於是，瀑布餐廳的檸檬汁，便成了健行中，一味酸不溜丟的回憶。

過吊橋

吊橋，吊橋，
我愛你！

「幸福啊！」當一屁股坐在板凳上，雙腿不禁發出歡呼聲。

花半個小時，匆匆用過餐，大胖便催促大家趕緊上路。

「都已經走了三分之二了，還要這麼趕嗎？」老爸質問道。早上拼命在趕路，沒能盡情拍照，心裡已經有點不爽。

自從來到山中健行，便喪失了一家之主的主導權，隱隱中流露出大權旁落的失意感。

「再坐下去，就爬不起來啦！」大胖解釋著。「山中天黑得快，下午還是要嚴格掌控速度。」又是一副鐵面無私的嘴臉。

「爸，不可以停下來拍照哦！」知父莫若女，小萱提出警告。

「我有遵守紀律呀！」

「才怪！早上又是你落在後面。」

「那是為了照顧媽咪呀！」

「是偷偷拍照，我們都看到啦！」

「好啦！好啦！不拍就不拍嘛！」已經開始動氣了。

「今晚投宿的村落，有野溪溫泉，早點到，可以去泡溫泉。」大胖宣佈好消息。

「哇！終於可以洗澡了。」眾人爆出歡呼聲。想到那冒著煙，熱騰騰的溫泉哪，大夥打起精神，繼續往下走。

下午的路程，比較平緩了。但是，卻出現一個更恐怖的難題，那就是接二連三的吊橋。

原本隱藏在深山中的河流，現在漸漸浮現出來了。河水奔流在群山間，從這座山，轉到那座山，阻隔了山與山之間的交通。而吊橋，便串起了彼此之間的往來聯繫。

有懼高症的我，這下可慘了。

才出發不久，便遇到一條寬闊的溪澗，水勢充沛，往下急衝，萬馬奔騰般的轟轟聲，迴盪在山谷間。一條老舊的吊橋，高高懸在半空中，木板有些已經脫落，行人得瞄準木板處，小心前進。

我嚇得大叫，遲遲舉足不前。最後是搭著大胖的肩膀，由他做前導，後方則由老爸搭肩一路護送前進。

「媽，向前看，快到囉！」我全身幾乎癱軟，被半拖半推著前進，口中不斷誦唸「阿彌陀佛」。

感謝佛菩薩保佑，終於平安地通過了一座驚險吊橋。

整個下午，就這樣不斷上演著前拖後推的「護駕」戲碼。惹得過往行人，側目相看。

優雅的身影

　　小萱行走在蜿蜒的山徑上，以她一貫的步伐，不急不徐地緩緩前進。那優雅的身影，在壯闊的山川間，顯得孤單但又有股說不出的和諧。

　　生性細膩，設想周全。這趟旅程所需的各類用品，全由她一手包辦。吃的糖果、巧克力、餅干；喝的咖啡、薑茶、人蔘茶；洗臉、擦手的濕紙巾；溫手的暖暖包，等等，等等，樣樣準備得十分齊全，而且用量充足。

　　這些物品，看起來稀鬆平常，但在深山健行，可是稀世珍寶。山中物資缺乏，民宿裡冰冷的自來水根本無法洗臉，早晚只能用濕紙巾擦拭。每天早上，四個保溫瓶個別沖泡咖啡、薑茶和人蔘茶，行進間，渴了，有熱騰騰的茶飲補充水分兼驅寒；餓了，有糖果、餅干等補充體力。

　　天性中未雨綢繆的特質，為這趟旅程做了極大的貢獻。

　　「小萱真是深藏不露，妳看她腳步那麼規律，不快不慢地持續往前走。」老爸趕到我身邊忍不住讚嘆道。

「是啊，路遙知『牛』力耶！」我回答。她的生肖屬牛。

「同樣是穿著厚重的羽絨衣，大夥都臃腫得像狗熊，唯獨她依舊保持優雅俐落的身影。」老爸說。

「可能是承襲了你的美學因子吧！」

「應該是妳的文學素養吧！」

兩個老的邊走邊互相恭維，為疲累的腳程，增添些許小小的樂趣。

天寬地闊

133

沐浴驚魂

　　黃昏時，來到塔托巴尼，短短的街路上，商店林立，三兩遊客流連店前，呈現出小小的觀光景象。

　　今晚投宿在一家較大的旅店，辦好手續，工作人員領我們上樓。我的媽呀！房間是在三樓，我的一雙腿，開始耍脾氣了。勉強背上背包，扶著牆壁，一階慢似一階地，緩緩往上爬。偏偏台階落差極大，每一抬舉，都沉重無比。

　　費了九牛二虎之力，終於進得房間，說時遲，那時快，背包一丟，整個人便攤平在床上。

　　「啊！好舒服！」腰部以下，直到腳底，開始在隱隱抽痛。

　　三位男生敲門進來，寄放護照等重要物品，因為他們房間的鎖不牢靠。

　　「泡溫泉囉！」老爸興沖沖吆喝道。

　　「你們先去吧，我要休息一下。」我動也不動地回答。

　　長途跋涉，加上吊橋驚魂，身心疲憊不堪，不知不覺間，沉沉睡去。

　　「媽，我們也去泡溫泉吧！好久沒洗澡了。」迷朦中，被女兒叫醒。說的也是，自從進入山中，物資缺乏，店家無法供應熱水，水龍頭流出的水，冰凍刺骨，連洗臉都是用濕紙巾擦抹了事，更別提洗澡了。

　　前幾天，海拔高氣溫低，不洗澡還能忍受。今天陽光熾熱，又長途跋涉，已經囤積了滿身臭汗，能好好泡個溫泉，該是無上享受。

　　我鼓足力氣爬起來，上廁所。

　　「哇──」坐下馬桶的剎那，慘叫一聲，嚇得女兒推門察看。

　　「沒事，我的腿蹲不下去。」坐上馬桶，悶哼連連。

　　原來，操勞過度的雙腿，已變成硬梆梆的鐵腿，一個彎曲，便疼痛難當。

　　下樓到櫃台索取毛巾，工作人員堅持一個房間只供應一條，剛才已經被男生拿走兩條，說什麼都不肯再給。

　　我們帶來的毛巾，放在馬伕保管的大包裡，無法取得。

　　小萱回房拿了兩塊擦汗的小方巾，拖著蹣跚腳步，母女倆泡湯去也！

　　山中的夜來得快，天色已黑暗，正好增加隱密性。

　　偏偏摸錯路，誤入一條漆黑小泥路，兩人愈走愈心寒，只好回頭。向商家詢問，雞同鴨講，比畫半天，也問不出個所以然，只好打道回旅館。

　　強烈向旅店要求供應熱水，辛苦爬回房間，水龍頭果真奇蹟似地冒出熱水。

　　小萱快速地享受了沐浴之樂。

　　換我進去，才接了半桶熱水，竟然變成冰水，把熱水瞬間調成一桶冷溫水。我當機立斷，趕緊沖洗。然後用小方巾

從頭擦到腳，感覺體溫在快速流失，牙齒顫得咯咯作響，衝到床邊，迅即套上衣服，戴上帽子，鑽入被窩裡，仍然抖個不停，半小時後，才漸漸回暖。

赫，真是一場沐浴驚魂！在攝氏十度的天候，一桶微溫的水，一方小毛巾，差點演出奪命的失溫記。這場沐浴經驗，終身難忘！

三位男生回來了，人人手腳通紅，容光煥發，「臭男生」變成「香男生」，羨煞人也。

原來，從對街的一個商店穿過去，就是露天溫泉浴場了，因為語言不通，竟跟它擦肩而過，可惜！可惜！

汲水

137

行過山村

昨晚餐桌上，大胖宣佈：「明天一樣要早點出發。」

「明天的路程不是比較短嗎？」老爸問說。

「會經過一個檢查站，要花時間排隊等候，早點出發，可以縮短排隊的時間。而且，明天，會遇到許多騾隊，記得一定要靠山壁走。」大胖把各種狀況，解釋清楚。

餐後，一家人照例搞笑，暴笑一番。今天的主題是我的「馬上英姿」和「吊橋上的倩影」，眾人輪番模仿，極盡誇張，個個笑得東倒西歪。嘿，虎落平陽，我只有跟著開懷大笑囉！而且，風水輪流轉，每個人都有機會當選主題人物哩。

早餐桌上，不見拉振。大胖說，他五點半就下山去了。趁早路上不擁擠，預計中午可以趕到貝尼，那邊有電信局，可以打電報給在加德滿都的公司，向老闆報平安，並且請示後面的行程該怎麼安排。

這才想起，尼泊爾一直還在戒嚴中，自從波卡拉飛上山後，一星期間，與外界完全斷了音訊。健行在深山中，根本嗅不出絲毫煙硝味，加上一家五口團聚在一起，每天就過著吃、睡、行走，再簡單不過的日子。肢體上，雖然辛苦，倒也其樂融融，尤其是老爸，暫時放下醫院裡繁瑣的工作，投身在大自然的懷抱裡，真是幸福滿滿！

對拉振可就不同了，他是領隊，要負責我們的安全，尤其因為決定走下山，而比預定飛回波卡拉的日期，已經延後

三天，老闆一定急壞了。昨晚跟大胖幾經討論，決定一早下山去。

早餐吃得飽飽地，七點，出發囉！

天氣晴朗，清風吹面微涼。厚重的羽絨衣，交給阿亮馱在馬背上，個個顯得神清氣爽。

愈往下走，山路愈平緩。村落民居，也漸漸多起來。孩童忙著向過往行人打招呼；菜園裡，青蔬鮮翠；果園裡，橘子樹結實累累，那黃澄澄的果實呀，閃亮在陽光下，給貧乏的山村，帶來豐美的喜悅。

一條小溪，倚著山路，潺潺流過屋前。

溪邊狹長的水泥堤上，鋪曬著凹洞累累的鍋盆，和佈滿補釘的衣物。院子裡，有握髮而沐的婦女，有三兩女人，披著長髮，圍坐話家常。澡盆裡，孩童光溜溜地，快樂沐浴。

啊，可愛的陽光！普照大地。整個山區，呈現出一片欣欣向榮。

左：好奇　右：曬蘋果乾

139

哇，塞「騾」啦！

行過小山村，一路裡，青蔬黃橘，春光無限好。

終於，來到檢查哨。長長的吊橋邊一處空地上，有個防空壕似的水泥房子，崗哨就設在這裡。除了負責檢查的士兵，周圍高處，站著三四位荷槍實彈的士兵，目不轉睛地瞄準過往行旅。

我們抵達時，吊橋正輪到對岸的行旅通過。長長的騾隊，依序走在狹長搖擺的吊橋上。那不疾不徐的步伐，比起我的扭曲身影，真是優雅多了。

在橋頭，行人一律得出示身分證件，背包也被仔細翻查。

兩位士兵，手握尖刀戳入騾背上的包袱，以判斷是否有暗藏槍械，確定安全無虞，才給予放行。

輪到這頭的行旅接受檢查，外國遊客只需出示登山證，便可放行。本國人民則嚴格檢查。（離開尼泊爾後，才得知有毛派份子潛入山區，伺機行動。）

檢查後，列隊通過吊橋。

這是一條高高懸在深谷上的長吊橋，我又被前引後擁，誠惶誠恐地緩緩通過。

過了吊橋，才大大鬆了口氣，沒想到，艱難的行程，才正展開呢！

前面的路程，盡是懸崖峭壁，騾隊接二連三地，不是迎面而來，便是從後方越過。

　　你得緊貼著崖壁行走，山壁上的流水積在路上，加上騾匹的屎尿，攪和成一地的泥濘騷臭，往往一個不小心，便踩入爛泥中。還有，跟騾匹擦身而過，得忍受牠們身上的羶臭味。銅鈴依舊響叮噹，只是少了欣賞的距離，便失去那份美感。叮叮噹噹的鈴聲，變成危險逼近的警訊。

　　有時兩大隊騾匹交錯而過，幾隻迷糊的搞錯方向，主人還得使勁把牠們趕回來。

　　遇到太擁擠時，根本沒人容身處，只好暫停在寬一點的路邊，靜待騾隊經過。

　　赫！難道尼泊爾的騾隊，全都擠到這兒來了嗎？那壅塞的情況，簡直就是台北尖鋒時段塞車的翻版。

　　嘿！今天可真開了眼界，在深山中，塞騾啦！

過橋

顛！顛！顛！

　　經過兩個多鐘頭，在山崖邊，與騾隊做PK競走的驚險歷程，終於離開深谷，來到較平坦的路上。

　　山中健行，驚喜連連。

　　前面行程，輕鬆愉快。日頭赤燄燄，在經歷那一段驚險之後，走得汗流浹背，暢快無比。

　　「修理玻璃！修理紗窗！」小波開始感到無聊，竟然玩起台北街頭的叫賣聲。

　　「換玻璃！換紗窗！」我跟他應對著。

在蒼翠的山野間，開心地大聲唱和著，那情景，有點像是伊朗導演阿巴斯電影裡的場景。

走呀，走的。終於抵達健行路線的終點。跟阿亮和他的兩匹馬道別，他要儘快趕回江森，陪太太生產。我們祝福他順利回到家，並恭喜太太替他添個胖娃娃。

一輛有頂篷的老舊小貨卡，正在催大家上車。手忙腳亂地將馬背上的衣物快速堆上車，然後排排擠在長條板凳上。車裡大約擠了二十個人。中間則堆放各類物品。有大小背包，有竹籬筐，筐裡裝了蔬果或雞鴨。

一個年輕的小伙子吊在車尾，看一切就緒，便猛力敲擊車頂，通知前面的司機，可以開車了。

就這樣，一輛擠得滿滿，像沙丁魚罐頭的小貨卡，出發囉！

一路下山去，再一次領教到尼泊爾司機快、狠、猛的駕車技術。

魚尾峰

車子順著山路蜿蜒而下，時而左旋，時而右拐，司機大幅度轉著方向盤，車上的人，也隨著大搖大擺。遇到凹凸不平的路段，他照樣衝撞而過，整得後面的乘客上下跳動，有幾次還被彈高碰到車頂。我們幾個遊客被嚇得哇哇大叫，當地人則老神在在，笑看這幾個被整得七葷八素的外地人。

　　一路顛呀顛，顛得人頭昏腦脹，腰背快要鬆脫，緊抓著扶桿的雙手，酸麻得失去了知覺。

　　赫！原以為坐上車便可好好休息了，沒想到，竟是另一種折磨的開始。

　　一段時間後，來到檢查站，一個荷槍的士兵，命令停車。叫車裡的本國人一一下車查驗證件。觀光客則不必下車。直到貝尼，三個鐘頭的路程裡，總共停車檢查了四次。

　　趁這空檔，我們趕緊舒展腰背和四肢。

　　「這簡直是另一種魔鬼訓練嘛！」老爸嚷嚷道。

　　「嘿，這叫強力馬殺雞啦。」大胖笑道。

　　「這樣一路顛到貝尼，不知道骨頭會不會散掉？」小萱擔心地說。

　　十幾分鐘後，原班人馬陸續上車。

　　車子再度奔馳，一路狂顛而下。

　　下午一點，抵達貝尼時，人已被顛得東倒西歪，在河邊餐廳用餐，有豐富而多樣的選擇，大家卻沒什麼胃口。

　　餐後，拉振坐著一部半新的廂型車來接我們，一路長征回波卡拉。

馬桶爭奪戰

昨天，經過大半天巔簸，回到波卡拉已是入夜時分，痛快梳洗一番後，到樓下餐廳，等著好好吃一頓，沒想到左等右等，就是不見上菜，幾次探問，都說快了，快了。都快餓扁了，廚房終於端來了飯菜，狼吞虎嚥一番，大夥對甜點，已經無心等待，各自拖著疲累的身心回房休息。

一夜好眠，早上起來，頓覺神清氣爽。

敲敲對面房門，老爸開門，笑著述說跟小波爭奪馬桶的糗事。

我家小波是個「結屎王」，出外旅行時，往往三四天解不出大號。這次更嚴重，不知是天候寒凍，還是蔬果吃太少，已經一星期了，這小子餐餐食量像往常一樣大，卻是只進不出，任你三催四逼，硬是解不出大便。

這可急壞了醫生老爸，直擔心他的大腸會撐爆，於是天天盯著他蹲馬桶。真是皇帝不急，卻急死太監。

波卡拉旅館

這天凌晨,趁小波起床尿尿時,老爸又叫他蹲馬桶,這一蹲足足半小時,卻仍是苦苦「等無屎」。正當小波在馬桶上奮鬥之際,老爸肚子突然一陣滾痛,便意急如星火。

「小波,起來,讓爸爸先上好不好?」

「等一下啦!」

「快點啦,爸爸好急!」

「等一下啦,我大不出來!」

一個急得直跺腳,一個卻穩坐如泰山,硬是佔著毛茅坑不拉屎。

幾經協商不成,眼看猛屎就要衝出閘門了,老爸急中生智,終於想出了解危之道,驚險安度難關。

老爸邊說邊比劃,兩人笑癱在床上。

「怎麼不敲我們的門?」

「不想吵醒妳們。」

這一場老爸馬桶受難記,又為旅途增添了一則笑話,每天總要拿出來笑它幾回。

原來,老爸得了「旅行者腹瀉症」,往後幾天,三不五時便要衝廁所。女兒也出現同樣症狀,於是,父女倆,同甘共苦,每到一個景點,便很有默契地,快速衝向廁所。

而小波則依然處「便」不驚,一副老神在在,繼續當他的「結屎王」。

費娃湖的清晨

　　昨天在貝尼吃過中飯，坐上拉振雇來的箱型車，一路飆回波卡拉。

　　柏油公路好行車，但山路蜿蜒，年輕小伙子，猛踩油門，大展飛車特技，連大轉彎時，還是緊踩油門，超車時，更是險象萬分，嚇得我們驚慌尖叫。

　　老爸趕緊拜託坐在前座的拉振，請司機開慢些。小伙子把話聽進去了，但積習難改，五分鐘後，又開始猛踩油門。幾次提醒無效，老爸乾脆猛敲隔離板，以示抗議。這招果真奏效，起碼司機輕踩油門的時間可延長些。老爸顧不得禮貌客氣，沿途中，只要司機把油門踩過頭了，便用這招提醒他，畢竟，平安抵達波卡拉，才是首要之務。

　　到達波卡拉，已是晚上七點。今晚入住德比家經營的旅館，規模不大，倒也清爽舒適。德比的三弟熱情招呼我們，

船影

B.G.21

分配好房間，便痛快地沐浴一番，洗去了一個多禮拜的塵垢，換上乾淨的衣服，啊！全身細胞，歡然躍動。

昨夜，旅館的人去機場詢問飛往加德滿都的機位，沒有著落。

上午，到費娃湖邊遊玩，清晨的費娃湖，別有一番嫵媚情韻。港邊停泊了許多船隻，勤勞的船家，早早守候在船上，等待遊客上船遊湖。遠山默默，與湖邊的船影，形成一幅美麗的圖像。

如此寧謐的山水間，你絕難想像，不遠處的馬路邊，就有荷槍的兵士，來回巡視著。

一個國家的進步，是需要付出代價的。當外面的民主思潮衝擊到國內人民的意識時，一些有識之士，便開始思考國家民族的前途，於是醞釀出一股要求改革的聲浪。

對於封建制度下的當權者來說，這就是反叛，必須將這些異議分子，加以消滅。

這次的戒嚴，就是為了剿滅日益壯大的毛派反動分子。

成長，必得經過陣痛，這期間需要多長，就看正反兩股力量的強弱了。

衷心祝福這個國家，早日步向民主之列。

2008年5月，國王賈南德拉被迫退位，成為一介平民，尼泊爾終於成為聯邦民主共和國。

舊皇宮廣場

　　終於回到加德滿都，下午，到舊皇宮廣場遊覽，偌大的廣場上，有現為政府機構的舊皇宮，更林立著五十多座大小寺廟。人潮川流不息，連牛隻也來湊熱鬧，悠閒地漫步人群中。

　　各式各樣的工藝品，沿街羅列，有銅製的法器、有木雕、有唐卡、有披肩…等等，琳瑯滿目，看得人眼花撩亂，呈現出一幅盎盎然繁榮氣象。

　　角落裡，賣小吃零食的、兜售小手工藝品的、甚至以一台磅秤，就地替人量體重的，真是什麼生意都能做，民以食為天，謀生之道，人人各有撇步。

　　轉個彎，一群人團團圍成一圈，專心看著吹笛人引蛇出籠。不遠處，一個鮮紅的身影，吸引住我的目光，趕上前

皇宮廣場

左：修行者　右：神秘窗口

看，原來是裝扮成「薩都」（印度教修行者）的人，一身鮮紅的衣袍，遊走在人群中，顯得特別醒目。

四點多，拉振領我們彎身走過一個小拱門，來到一座「庫瑪莉廟」，廟內住著一位活女神。

拉振付過費，管理員敬告我們，活女神出現時嚴禁拍照。然後主請者雙手合十，輕聲呼喚：「庫瑪莉！」三樓窗口赫然出現一位濃莊豔抹的女孩，兩道黑線，從下眼瞼直描到太陽穴，成為她鮮明的特徵。大約三五秒鐘，便消失了。真是驚鴻一瞥，觀賞者只留下一縷疑真似幻的迷茫。

熙來攘往的人潮裡，不時可見荷槍來回巡視的士兵，閒散的氛圍中，提醒你，戒嚴令仍未解除。

點蒂卡
——紅色的祝福

「點蒂卡」是印度教徒的宗教文化，把紅色的蒂卡粉摻和米粒，點在額頭上，代表祝福與好運。

旅遊尼泊爾期間，來到加德滿都近郊的「四眼天神廟」參觀，恰逢尼泊爾年節，只見印度族群呼朋引伴，前來寺廟朝拜祈福，人來人往，好不熱鬧。

寺廟前方一個角落，有位婦人正在替三個女孩點蒂卡，祝福她們新的一年平安幸福，好運連連。

左：甜姐兒　右：點蒂卡

徜徉在巴克塔布的風情中

這天，出城到十五公里外的巴克塔布遊覽。進入古城的廣場參觀，須付大約十塊美金的門票。

今天由拉振的弟弟拉法擔任導遊，拉法學識豐富，對每座佛寺都加以詳細介紹。佛寺建築，華麗而典雅，門窗的木作，更是精雕細琢，極盡繁複之美，不難想像當年的輝煌盛景。

這兒的生活步調，更純樸悠閒，瀰漫著濃濃的中古風情。

漫步在佛寺林立間，不知不覺沉浸在佛光加被，寧靜安詳的氛圍中。

從大廣場穿過一道門，來到一方小廣場，只見擠滿了盛裝的人群，大人團團圍成一圈，圈內鋪了紅地毯，上面排排坐著十幾位，濃妝豔抹，打扮成新娘的六到十二歲的女孩。她們前面，擺滿了珍饈美食，大人不斷地傳遞食物給女孩吃，前方有位法師在主持儀式。拉法打

神廟

聽結果，才知是當地特有的一種節慶，叫做「嫁水果節」。
旅途中，如此撞到的意外收穫，往往格外迷人。

拉法說，今天真幸運，他也是第一次看到這樣的慶祝儀式。

巴克塔布也是尼泊爾著名的陶器盛產地，陶器市場裡，沿街羅列著各式各樣的陶製品，樸拙可愛又耐用。

中午，大胖帶我們在大廣場邊的一家餐廳用餐。

坐在三樓窗口，一邊享用當地美食，一邊俯瞰廣場風光，是另一番享受。

「那年自助旅行到這裡時，我就坐在這裡，享受一個靜靜的下午。」大胖說。是啊，只有在青春年少時，才有這分奢侈享受人生。

下午，依依揮別林立的佛寺，驅車前往附近的唐卡學校。一棟尋常的三層樓建築，走上樓梯，赫然發現裡面別有洞天。

二樓許多小房間裡，都有青年在畫唐卡，他們聚精會神地對著絹布描繪佛經故事。

三樓則是另一番天地，偌大的房間裡，羅列著大師級的作品，同樣的佛經故事，卻呈現出不同的氣勢與精緻。

挑了三幅唐卡，歡歡喜喜地下樓來。

結束了巴克塔布的豐富之旅。

水果神──永生的丈夫

　　來到尼泊爾的巴克塔布，巧遇當地的「嫁水果節」。小小的廣場上，擠滿了人潮，熱鬧滾滾，中央區鋪上幾條紅毯，排排坐著六到十二歲的女孩，個個濃妝豔抹，珠光寶氣，儼然是位新嫁娘。女孩跟前堆滿佳餚美食，大人們則不停地分食物給她們。

　　原來，尼泊爾的印度教社會，重男輕女，鄙視寡婦，因此家族中的長輩，先把這些女孩嫁給水果神，將來結婚後，若不幸丈夫先亡故，還有一位永生的神丈夫，不致成為寡婦而受人鄙視。

左：嫁水果節　右：小新娘

搞飛機，一路搞回家

出國旅行，從來沒有像這趟旅程，老是在搞飛機。

在江森，由於濃霧和暴風雪，連著兩天飛機無法起飛，於是全家決定一路走下山。

滿心以為下山後，回到波卡拉，一切便OK了。沒想到，從波卡拉要飛往加德滿都的機位，遲遲無法拿到。

中午，在費娃湖邊的涼亭下，一邊享用尼泊爾美食，一邊商討對策，擬定了A計劃和B計劃，向拉振要求，無論如何，今天一定要飛回加德滿都，A計劃是全員一起飛，B計劃則是分批飛。

拉振卯足了勁，去向航空公司要位子。三點時，取得兩個位子，過不久有四個，最後終於要到了五個位子，大夥匆匆上車，急殺到機場，趕上最後的班機。我們一家先飛回加德滿都，拉振則第二天搭早班機跟我們會合。

昨晚，我們曾建議拉車回加德滿都，拉振一口否決了，他說戒嚴期間，入夜後無法進城。

回台灣後，才知道，除了上述因素，更重要的是，某些路段發生傷亡的武裝衝突事件，他是在保護我們的安全。

回到加德滿都，一邊遊玩一邊等飛機。我們訂的尼泊爾皇家航空，連著三天都不飛，也無法交代何時可以飛。

「這下，可沒辦法靠雙腳走回去了。」大胖說。

　「再不回去，全家可能要去夜市擺地攤啦！」目前唯一的上班族老爸，眼看假期快結束，開始焦急了。

　於是，決定忍痛花錢購買其他航空的單程票。

　有錢好辦事，德比幫我們買到五張泰航飛往曼谷的票。

　中午，德比送我們到機場，直到每個人都拿到登機證，才放心向我們揮手道別。

　登上泰航班機，大大鬆了口氣，啊！終於要回家了。

　祝福尼泊爾，蛻變成功，早日邁進新紀元。

　傍晚飛抵曼谷機場，最後一班飛往桃園的長榮航班已經飛離。只好在曼谷過夜，等待明早的班機了。

　為了辦入境簽證，在機場折騰了兩個多小時，當初就是為了避免入境泰國過夜，才安排搭長榮航空接尼泊爾皇家航空，誰知道，回程還是躲不過這個麻煩。

　推著一堆行李，找到辦理落地簽證的窗口，輪到我們時，辦事員表示只收泰銖。機場的換鈔處已經收工，大胖趕緊跑到老遠的換鈔機換好了錢，再重新排隊，總算得以入境泰國。

　機場人員看我們推著一堆行李，衣著有山土味，站在大廳遲遲不離開，便過來關切。問明原委，他建議我們去住一間二十分鐘車程的中型旅館，並叫來車子，吩咐好旅館地址。

　又餓又累，在旅館餐廳飽餐一頓泰式料理，便回房梳洗。

　我們早已錯過原訂的航班，明天的位子還沒著落。

　　機場和公司的工作人員已下班，根本無從連絡，請旅館幫忙，也毫無辦法。

　　「明早四點，我先到機場排隊劃位，一有消息便通知大家趕到機場。」大胖宣佈說。

　　「哇！真不愧是MSF成員，應變能力超強！」我誇讚道。

　　由於大胖的隨機應變，我們終於搭上六點多的長榮航班，順利回家囉！

　　出國遊玩，從來沒有像這趟旅程，一路上，老是在搞飛機。也為尼泊爾之行，留下另一份難忘的回憶。

國家圖書館出版品預行編目

跨界行旅：攝掠南疆、尼泊爾/ 阡陌著. --
一版. -- 臺北市：秀威資訊科技，2009.02
面；公分. --（中亞地區；TD0001）
BOD版
ISBN 978-986-221-166-3（平裝）

1.旅遊 2.新疆省 3.尼泊爾

676.169   98001646

中亞地區　TD0001

阡陌雲影1
跨界行旅——攝掠南疆、尼泊爾

作　　　者／阡　陌
發　行　人／宋政坤
執　行　編　輯／詹靚秋
圖　文　排　版／陳佩蓉
封　面　設　計／陳佩蓉
數　位　轉　譯／徐真玉　沈裕閔
圖　書　銷　售／林怡君
法　律　顧　問／毛國樑　律師
出　版　印　製／秀威資訊科技股份有限公司
　　　　　　　　台北市內湖區瑞光路583巷25號1樓
　　　　　　　　電話：02-2657-9211　傳真：02-2657-9106
　　　　　　　　E-mail：service@showwe.com.tw
經　　銷　　商／紅螞蟻圖書有限公司
　　　　　　　　台北市內湖區舊宗路二段121巷28、32號4樓
　　　　　　　　電話：02-2795-3656　傳真：02-2795-4100
　　　　　　　　http://www.e-redant.com

2009 年 2 月　BOD 一版
定價：290 元

·請尊重著作權·
Copyright©2009 by Showwe Information Co.,Ltd.

讀　者　回　函　卡

感謝您購買本書，為提升服務品質，煩請填寫以下問卷，收到您的寶貴意見後，我們會仔細收藏記錄並回贈紀念品，謝謝！

1.您購買的書名：＿＿＿＿＿＿＿＿＿＿＿＿＿＿＿＿

2.您從何得知本書的消息？

　□網路書店　□部落格　□資料庫搜尋　□書訊　□電子報　□書店
　□平面媒體　□ 朋友推薦　□網站推薦　□其他＿＿＿＿＿＿

3.您對本書的評價:(請填代號　1.非常滿意 2.滿意 3.尚可 4.再改進)

　封面設計＿＿　版面編排＿＿　內容＿＿　文/譯筆＿＿　價格＿＿

4.讀完書後您覺得：

　□很有收獲　□有收獲　□收獲不多　□沒收獲

5.您會推薦本書給朋友嗎？

　□會　□不會，為什麼？＿＿＿＿＿＿＿＿＿＿＿＿＿＿＿

6.其他寶貴的意見：＿＿＿＿＿＿＿＿＿＿＿＿＿＿＿＿＿

＿＿＿＿＿＿＿＿＿＿＿＿＿＿＿＿＿＿＿＿＿＿＿＿＿

＿＿＿＿＿＿＿＿＿＿＿＿＿＿＿＿＿＿＿＿＿＿＿＿＿

＿＿＿＿＿＿＿＿＿＿＿＿＿＿＿＿＿＿＿＿＿＿＿＿＿

讀者基本資料

姓名：＿＿＿＿＿＿＿＿＿＿　年齡：＿＿＿＿　性別：□女 □男

聯絡電話：＿＿＿＿＿＿＿＿　E-mail：＿＿＿＿＿＿＿＿＿

地址：＿＿＿＿＿＿＿＿＿＿＿＿＿＿＿＿＿＿＿＿＿＿＿

學歷：□高中(含)以下　　□高中　□專科學校　　□大學

　　　□研究所(含)以上　□其他＿＿＿＿＿＿＿＿

職業：□製造業 □金融業 □資訊業 □軍警 □傳播業 □自由業

　　　□服務業 □公務員 □教職　　□學生 □其他＿＿＿＿

請 貼
郵 票

To：114

台北市內湖區瑞光路 583 巷 25 號 1 樓

秀威資訊科技股份有限公司　　　收

寄件人姓名：

寄件人地址：□□□

(請沿線對摺寄回,謝謝!)

秀威與 BOD

BOD（Books On Demand）是數位出版的大趨勢，秀威資訊率先運用 POD 數位印刷設備來生產書籍，並提供作者全程數位出版服務，致使書籍產銷零庫存，知識傳承不絕版，目前已開闢以下書系：

一、BOD 學術著作—專業論述的閱讀延伸
二、BOD 個人著作—分享生命的心路歷程
三、BOD 旅遊著作—個人深度旅遊文學創作
四、BOD 大陸學者—大陸專業學者學術出版
五、POD 獨家經銷—數位產製的代發行書籍

BOD 秀威網路書店：www.showwe.com.tw
政府出版品網路書店：www.govbooks.com.tw

永不絕版的故事・自己寫・永不休止的音符・自己唱